Inhalt

7Mind

Jonas Leve und Manuel Ronnefeldt

VON NULL AUF OMM

Achtsamkeitsübungen für weniger Stress und mehr Gelassenheit

In Zusammenarbeit mit
Alexandra Gojowy und Anna Rosenbaum

mvgverlag

Bibliografische Information der Deutschen Nationalbibliothek
Die Deutsche Nationalbibliothek verzeichnet diese Publikation in der Deutschen Nationalbibliografie. Detaillierte bibliografische Daten sind im Internet über http://dnb.d-nb.de abrufbar.

Für Fragen und Anregungen
info@mvg-verlag.de

Originalausgabe
1. Auflage 2019
© 2019 by mvg Verlag, ein Imprint der Münchner Verlagsgruppe GmbH
Nymphenburger Straße 86
D-80636 München
Tel.: 089 651285-0
Fax: 089 652096

Redaktion: Ulrike Schöber
Umschlaggestaltung: Manuela Amode
Umschlagabbildung: ©Shutterstock/New Line, Pavel Hlystov
Illustrationen im Innenteil: © Shutterstock/PinkPueblo, Lemberg S. 65, sinoptic, Mureu S. 91, belka graphics S. 105
Layout: Manuela Amode
Satz: Andreas Linnemann
Druck: Florjancic Tisk d.o.o., Slowenien
Printed in the EU

ISBN Print 978-3-7474-0001-2
ISBN E-Book (PDF) 978-3-96121-319-1
ISBN E-Book (EPUB, Mobi) 978-3-96121-320-7

Weitere Informationen zum Verlag finden Sie unter

www.mvg-verlag.de

Beachten Sie auch unsere weiteren Verlage unter www.m-vg.de

Vorwort

Unsere Idee hinter 7Mind ist, Meditation so selbstverständlich zu machen wie die Joggingrunde am Morgen. Bis Ende der 1970er-Jahre wurde es noch belächelt, wenn Menschen ohne Ziel durch den Stadtpark rannten. Heute ist das anders, weil die Gesellschaft um die positiven Auswirkungen von körperlichem Training weiß. Was wäre, wenn wir uns täglich ebenso viel Zeit für unsere mentale Gesundheit nehmen würden? Vielleicht hätten wir mehr Zeit für die Dinge, die uns wirklich wichtig sind. Oder wir könnten unseren Alltag entspannter meistern. Wir glauben, dass es in fünf bis zehn Jahren genauso selbstverständlich sein wird, etwas für die mentale Gesundheit zu tun wie den körperlichen Ausgleich zu suchen. Mit 7Mind möchten wir einen kleinen Teil zu dieser Entwicklung beitragen, indem wir so vielen Menschen wie möglich einen einfachen Zugang zur Meditation zeigen – und somit auch zu sich selbst.

Wir hatten das Glück, durch Reisen und unsere Eltern einen natürlichen Zugang zu den Themen Meditation und Achtsamkeit zu bekommen. Während unseres Studiums an der Universität in Witten/Herdecke fiel uns jedoch auf, dass es kaum einfache Wege gab, um mit dem Meditieren zu beginnen. Der Einstieg allein schien schon eine kleine Hürde darzustellen. Die meisten Kurse und Seminare setzten einen Besuch im Kloster voraus oder die Bereitschaft, über viele Wochen täglich 45 bis 60 Minuten Meditation zu praktizieren. Dieser Weg schien uns nicht alltagstauglich, vor allem für den Stress, den wir mitten im Leben, in unserem Studium oder am Arbeitsplatz erlebten. So entstand die Idee, eine einfache und trotzdem fundierte Methode zu entwickeln, mit der jeder sofort Meditieren lernen kann. Gemeinsam mit dem Zen-Lehrer Paul Kohtes und dem Wissenschaftler Prof. Dr. Tobias Esch konzipierten wir die Meditations-App 7Mind.

Heute, mehr als vier Jahre später, arbeiten wir zusammen mit einem großartigen Team in Berlin weiter an diesem Ziel. Inzwischen haben mehr als eine Million Menschen in Deutschland die 7Mind-App auf ihrem Smartphone installiert, und in vielen Unternehmen wird mit 7Mind der Arbeitsalltag ein wenig achtsamer und weniger stressig gestaltet. Unser Onlinemagazin, der 7Mind-Podcast, unser Kalender und nun auch dieses Buch sollen es dir neben der App erleichtern, Achtsamkeit und Zufriedenheit in deinen Alltag zu bringen.

Dieses Buch ist dein Begleiter, um Achtsamkeit und Meditation zu erlernen und zu leben. In nur sieben Tagen führen wir dich Schritt für Schritt zu dir. Dabei helfen dir viele praktische Impulse, Hintergründe und Tipps, die dir garantiert mehr Ruhe und Gelassenheit schenken. Am besten funktioniert das, wenn du das neue Wissen direkt von der Theorie in die Praxis umsetzt. Das gelingt dir ganz leicht mit unseren schriftlichen Übungen, die du jederzeit durchführen kannst, ganz egal, wie dein Alltag gerade aussieht. Außerdem laden wir dich dazu ein, parallel zu diesem Buch den kostenfreien Grundlagenkurs aus der 7Mind-App zu nutzen. Der Kurs umfasst sieben Meditationen, die eine gute Ergänzung zu diesem Buch sein können. Doch nicht nur wir sind von Achtsamkeit und ihren positiven Effekten überzeugt. Mittlerweile beschäftigt sich auch die Wissenschaft mit dem Thema. Die spannendsten Fakten zur Frage, warum Meditation in der heutigen Zeit so hilfreich ist, haben wir im ersten Teil des Buchs zusammengetragen.

Im zweiten Teil wirst du dann Tag für Tag durch deine erste Meditationswoche begleitet. Jeden Tag setzen wir einen ganz bestimmten Fokus, nach dem du deinen Alltag mithilfe von kleinen Aufgaben und konkreten Achtsamkeitsübungen ausrichten kannst. Ziel ist es, dich in nur sieben Tagen mit den Grundlagen der Achtsamkeit vertraut zu machen und dir eine einfache, sichere Methode an die Hand zu geben, wie du Achtsamkeit in dein Leben, deine Arbeit und deine Beziehungen bringen kannst.

Du wirst sehen, Achtsamkeit ist einfach. Keine Sorge, wir lassen dich nach sieben Tagen nicht einfach hängen. Am Ende bekommst du von uns noch kleine Hilfestellungen, mit denen du deine begonnene Praxis zu einem festen Ritual in deinem Alltag machst.

Wir wünschen dir viel Freude mit diesem Buch!

Jonas Leve und Manuel Ronnefeldt

EINFÜHRUNG

War das Credo der vergangenen Jahre eher höher, schneller, weiter, spiegelt die heutige Zeit ein ganz anderes Bedürfnis und auch eine dringende Notwendigkeit wider: Nachhaltigkeit, Besinnung auf die eigene Gesundheit, Stärkung sozialer Bündnisse im Kleinen und Großen und ein bewusster und ökonomischer Umgang mit unseren Ressourcen – unseren ganz persönlichen und denen unseres Planeten.

Achtsamkeit – und die Meditation als ihr Werkzeug – bieten uns einen sinnstiftenden und alltagstauglichen Weg an, um inmitten der anstehenden Veränderungen und Herausforderungen präsent zu sein und einen stimmigen Umgang damit zu finden. Wir sind uns bewusst, dass sich die Beschleunigung unseres Alltags nicht mehr rückgängig machen lässt. Umso dankbarer sind wir, dass uns die moderne Achtsamkeit eine einfache Methode bietet, den wachsenden Anforderungen mit mehr Leichtigkeit zu begegnen.

Was vor einigen Jahren noch als Esoterik bezeichnet wurde, weist mittlerweile eine beachtliche Erfolgsgeschichte auf. Achtsamkeit ist mehr als nur ein kurzer Trend, denn ihre breite Wirksamkeit wurde in zahlreichen Studien bestens wissenschaftlich belegt. Der Vater des weltweit anerkannten achtsamkeitsbasierten Stressreduktionsprogramms MBSR (Mindfulness-Based Stress Reduction), Prof. Jon Kabat-Zinn, ließ 2015 sogar die Teilnehmer des Weltwirtschaftsforums in Davos meditieren.

Wir glauben, dass Meditieren bald so normal sein wird wie das Zähneputzen. Vielleicht wird es sogar so weit kommen, dass es eher Irritation auslösen wird, wenn jemand *nicht* meditiert. Schließlich wurde man in den 1970er-Jahren auch noch schräg angeguckt, wenn man morgens freiwillig eine Runde Joggen gegangen ist. Dass regelmäßige Bewegung zur Gesundheit beiträgt, ist heute fest in unserem Bewusstsein verankert. Doch auch die mentale Gesundheitspflege rückt seit einigen Jahren immer mehr in den Fokus der Wissenschaft.

Studien zeigen, dass schon wenige Minuten Meditation am Tag Stress reduzieren, uns leistungsfähiger machen, die Gesundheit stärken sowie die Konzentrationsfähigkeit und Gelassenheit erhöhen. Mit Meditation tun wir aber nicht nur uns selbst etwas Gutes, sondern verbessern auch unsere Beziehungen. Und das mit ganz einfachen Mitteln, die uns jederzeit zur Verfügung stehen.

Was ist Meditation?

Sehr allgemein formuliert ist Meditation eine mentale Übung, die mit der Zeit dazu führt, sich mit Denkprozessen vertraut zu machen, sie besser zu beobachten und gezielt zu beeinflussen. Meditative Techniken werden schon seit mehr als 2500 Jahren genutzt, ursprünglich vor allem aus religiöser und spiritueller Motivation. Doch was noch für ein Potenzial in diesen Jahrtausende alten Übungen steckt, konnte gerade in den letzten Jahren mehr und mehr von der Wissenschaft in den Bereichen der Psychologie und Neurowissenschaft gezeigt werden.

Oft glauben Menschen, die sich mit meditativen Übungen beschäftigen wollen, dass es darum geht, sich ab der ersten Sekunde komplett konzentrieren zu müssen und alle Gedanken abzustellen. Das baut verständlicherweise Druck auf, und viele glauben, nicht meditieren zu können, wenn es beim ersten Anlauf nicht klappt. Darum geht es gar nicht, doch das wird erst mit der Zeit immer klarer. Meditation setzt kein besonderes Können voraus. Das Einzige, was du wirklich brauchst, sind lediglich ein paar ruhige Momente und die Lust, etwas Neues zu probieren. Der Rest kommt von selbst.

Meditation kann zunächst als eine Art Geistestraining verstanden werden, mit dem du dich darin übst, deine Aufmerksamkeit bei einer Sache zu halten, wie beispielsweise bei deinem Atem. Da allerdings immer wieder Gedanken auftauchen und unsere Aufmerksamkeit auf sich ziehen, ist das nicht ganz so einfach. Genau das ist ein zentraler Teil des Trainings: Immer und immer wieder die Aufmerksamkeit neu auf unseren Fokuspunkt zurückzuholen und dann zu versuchen, so lange wie möglich mit der Aufmerksamkeit dabei zu bleiben. Bei regelmäßiger Übung hilft uns dies, nicht mehr so leicht von Gedanken oder anderen Reizen abgelenkt zu werden, uns weniger im Kopfkino oder in Problemen zu verstricken.

Damit werden wir psychisch stabiler, können leichter bei dem bleiben, was wir uns gerade vorgenommen haben – wie beispielsweise unserem Kind vorzulesen, der Besprechung zu folgen oder die Steuer fertig zu machen. Außerdem hilft Meditieren uns, wirklich zur Ruhe zu kommen, mit emotionalen Zuständen angemessener und konstruktiver umzugehen, Grübel- und Aufschaukelungsprozesse zu reduzieren (oder ganz zu vermeiden) und einen gelasseneren Umgang mit Herausforderungen zu finden. Auch lernen wir mit Ablenkung umzugehen, wie unangenehmen Körper-empfindungen/Unwohlsein oder Geräuschen. Sie werden mit der Zeit als weniger störend empfunden. Nicht nur, weil wir nicht mehr auf alles aus unserer Umwelt sofort an-springen, sondern weil wir auch flexibler, entspannter und kreativer werden.

Beim Meditieren geht es weniger darum, dich selbst zu opti-mieren, als eine offene und liebevolle Geisteshaltung dir selbst gegenüber einzunehmen. Auch wenn Achtsamkeitstraining viele positive Auswirkungen auf das berufliche und private Umfeld hat, wirst du vor allem lernen, deine Bedürfnisse stär-ker wahrzunehmen, angemessene Grenzen zu setzen und ein Leben in Balance und Einklang mit dir selbst zu führen.

Meditation ist geistiges Krafttraining

Das mentale Training besteht darin, deine Aufmerksamkeit immer wieder von abschweifenden Gedanken abzuziehen und zurückzuführen zu deinem gewählten Fokuspunkt und dort zu bleiben. Bei der Atemmeditation wählen wir dazu unsere Atemempfindung. Das ist anfänglich meist ganz schön anstrengend, und genau darin liegt der geistige Kraftakt: Du bringst deine Aufmerksamkeit immer wieder zurück zum Fokuspunkt und versuchst, das einfach so lang und so oft zu wiederholen, wie es geht – und dabei nicht gerade das Menü und den Einkauf für den Abend zu planen. Was sich einfach anhört, ist in der Praxis erstaunlich schwie-rig. Doch mit der Zeit und regelmäßiger Übung wird es dir immer leichter fallen, und du wirst dich zunehmend besser sammeln können.

>»Friede beginnt damit,
dass jeder von uns sich jeden
Tag um seinen Körper und
seinen Geist kümmert.

Thich Nhat Hanh

Der Ursprung der Meditation

Die Meditation gibt es nicht. Auf der ganzen Welt sind meditative Übungen entstanden. So findest du sie im Buddhismus genauso wie bei den indischen Yogis, den Sufis und den christlichen Mystikern. Die Meditation, um die es in diesem 7-Tage-Kurs geht, ist die Achtsamkeitsmeditation. Sie kommt ursprünglich aus dem südostasiatischen Buddhismus. Allerdings wurden die Techniken und Anleitungen im Rahmen der Säkularisierung, also der Verweltlichung, aus dem religiösen Zusammenhang gelöst, wissenschaftlich erforscht und sind nun völlig frei von irgendeiner Ideologie oder Religion für jeden zugänglich und praktizierbar.

Meditation und Gesundheit

Doch auch wenn wir uns in der Meditation viel mit unserer geistigen Aktivität auseinandersetzen, hat Meditation bemerkenswerte Folgen für unseren Körper. So stärkt regelmäßiges Meditieren das Immunsystem, wirkt positiv auf den Blutdruck, reduziert Schmerzen und Schlafprobleme sowie stressbedingte Erkrankungen. Aufgrund der sehr positiven Auswirkungen auf unsere Gesundheit fand die Achtsamkeit einen großen Platz in der alternativmedizinischen Behandlung von Erkrankungen und Befindlichkeitsstörungen. Vor diesem Hintergrund entwickelte Jon Kabat-Zinn (USA) Ende der 1970er-Jahre im klinischen Kontext die achtsamkeitsbasierte Stressbewältigung (MBSR) als achtwöchiges Programm – für Patienten, die unter starker Belastung aufgrund von chronischen Krankheiten, Schmerzen sowie privatem und beruflichem Stress stehen. MBSR erwies sich als sehr wirkungsvoll und wird mittlerweile auf der ganzen Welt in Kliniken und Gesundheitszentren angewendet – mit wirklich großem Erfolg. Aufgrund dieses Programms entstanden unzählige neue Forschungen zur Meditation und Achtsamkeit.

Warum meditieren wir?

Menschen finden aus verschiedenen Gründen zur Meditation. Meist sind es Herausforderungen, Schicksalsschläge oder einfach die Suche nach Entspannung. Das Leben verändert sich und bringt für jeden von uns wechselnde Herausforderungen mit sich. Sei es, dass es darum geht, die Nerven in einer anstrengenden Phase im Studium zu bewahren, wir uns gerade selbstständig gemacht haben, uns in einer komplizierten Beziehungsphase befinden oder in eine neue Lebensphase starten.

Neben den vielen Auswirkungen auf die Gesundheit kann dir Meditation auch dabei helfen, deinen Lebenssinn zu finden, deine verborgenen Potenziale zu entdecken und zu leben, ganz gleich ob es um deinen Beruf oder dein Privatleben geht. Die regelmäßige Zeit der Sammlung am Tag stärkt deine Kreativität und lässt dich leichter Zugang zu deiner Intuition finden. Meditation verändert unseren Blick auf die Welt. Durch regelmäßige Meditation schaffen wir es, inmitten der vielfältigen Anforderungen das Wesentliche im Blick zu behalten. Sie stärkt unseren gesamten Organismus und sorgt für eine konstruktive und gelassene innere Haltung, mit der wir leichter und auch glücklicher durch unser Leben kommen.

Zugegeben, unser Leben ist extrem herausfordernd geworden. Menschenmengen, Verkehrschaos, die zunehmende Beschleunigung und Reizüberflutung sind neben der wachsenden Vielfalt unserer täglich zu erledigenden Aufgaben zu einer besonderen Herausforderung unserer Zeit geworden. Momente der Stille sind selten, allein auch durch den gestiegenen Geräuschpegel und die Informationsdichte, mit der wir täglich umgeben sind.

Doch nur weil die Welt so ist, wie sie ist, heißt das noch lange nicht, dass wir uns davon gestresst oder belastet fühlen müssen. Ganz im Gegenteil. Es kann sich sogar großartig und inspirierend anfühlen und sehr erfüllend sein. Doch wo hört ein buntes, vielfältiges Leben auf, uns zu inspirieren, und wo fängt es an, stressig zu werden? Ist Stress immer schädlich? Und wie kann uns Meditation darin unterstützen?

**DEM STRESS
AUF DER
SPUR**

Grundsätzlich ist Stress einfach nur ein Überlebensmechanismus und dazu da, uns vor möglichen Gefahren zu schützen. Sobald wir uns in irgendeiner Form bedroht fühlen, schlägt unser Gehirn Alarm. Verantwortlich dafür ist vor allem die Amygdala, der Bereich unseres Gehirns, der für die Verarbeitung von Emotionen verantwortlich ist. Einmal aktiviert, schaltet sie unseren Organismus binnen Bruchteilen von Sekunden in den sogenannten »Fight-or-Flight«-Modus: Stresshormone fluten unseren Körper, unsere Muskeln spannen sich an, die Gefäße verengen sich, der Blutdruck steigt und der Herzschlag beschleunigt sich. Dadurch sind wir bereit, uns kraftvoll und schnell durch Angriff oder Flucht in Sicherheit zu bringen. Wenn wir akut in Gefahr sind, hilft uns das sehr. In herausfordernden Alltagssituationen, beispielsweise in Konflikten oder schwierigen Situationen in unseren Beziehungen oder bei der Arbeit, ist dieser instinktive Mechanismus eher hinderlich und führt oft zur Verschlimmerung der Situation.

Wenn wir akuten Stress haben, wird vor allem das Stresshormon Adrenalin ausgeschüttet. Es macht uns blitz-wach und versetzt den Körper in die Lage, angreifen oder flüchten zu können, indem es die Muskulatur anspannt und durchblutet und in uns emotionale Reaktionen wie Wut oder Angst erzeugt. Die freigesetzte Energie könnten wir anschließend für Flucht oder Kampf nutzen. Im Alltag sieht es aber eher so aus, dass wir uns auf dem Schreibtischstuhl herumdrehen. Stresshormone können so nicht abgebaut werden und belasten unseren Körper zusätzlich.

Stress ist individuell

Ob du dich von einer Situation belastet und gestresst fühlst oder ob du sie als anregend, herausfordernd und/oder freudvoll empfindest, liegt in deinem eigenen Empfinden. Das ist von Person zu Person völlig unterschiedlich. Die einen sind schnell gestresst, manche gar nicht und die nächsten reagieren nur auf Langzeitstress. Wir können uns in diesem Bereich überhaupt nicht miteinander vergleichen. Außerdem bergen unsere Lebenssituationen oft auch mehrere Aspekte, die schön und stressig zugleich sein können.

Wenn du beispielsweise gerade ein Kind bekommen hast, dann bist du einerseits glücklich, doch andererseits hast du vielleicht auch Sorgen, ob du das alles packst und eine gute Mutter oder ein guter Vater sein kannst. Auch wenn du frisch verliebt bist, gibt es oft zwei Seiten: Einerseits dieses wundervolle, herrliche Gefühl des überschäumenden Verliebtseins und andererseits vielleicht auch Sorge, ob es hält. Und auch wenn man in einer festen Partnerschaft lebt, kann es schön und stressig zugleich sein, zwei Persönlichkeiten mit ihren Gewohnheiten und Eigenarten in Einklang zu bringen, bis daraus ein gemeinsames Leben entsteht.

Wieso ist dauerhafter Stress schädlich?

Grundsätzlich: Stress gehört zu unserem Leben dazu. Es ist ganz normal, zwischendurch mal gestresst zu sein – auch mit Meditation. Es geht vielmehr darum, im Blick zu haben, was für ein Stress es ist. Ist es ein

🌿 **kurzfristiger Stress** mit einem klaren Ende, sodass früher oder später wieder Sicherheit und Normalität einkehren, oder ist es ein

🌿 **chronisch gewordener Langzeit-Stress** ohne absehbares Ende und einer damit eintretenden Entlastung?

Wenn wir nur für eine begrenzte Zeit unter Stress stehen, kann er uns helfen, Höchstleistungen zu vollbringen. Doch sobald er länger andauert, kippt seine positive Wirkung ins Negative und bringt eine Reihe von Nachteilen für uns mit sich – bis hin zu Erkrankungen. Auch wenn für viele Menschen Stress mittlerweile zum täglichen Leben dazugehört, dürfen wir nicht vergessen, dass Stress naturgemäß einen Ausnahmezustand für unseren Organismus darstellt: Der Körper mobilisiert innerhalb kurzer Zeit mehr Energie, als er normalerweise benötigen würde, und setzt sie zur Sicherung unseres Lebens bei Verteidigung oder Flucht ein. Dabei fährt er alle Funktionen im Körper herunter, die dafür nicht notwendig sind. Dazu gehören beispielsweise die Verdauung, unser Immunsystem und auch die Fruchtbarkeit. Außerdem erhöht sich der Gerinnungsfaktor unseres Blutes. Kurzzeitig ist das kein Problem, doch langfristig kann es dazu führen, dass wir häufiger krank sind und unser Organismus anfängt, darunter zu leiden.

»Die Langsamkeit
bietet die Chance,
das, was wir tun,
auch zu erleben.«

Henriette Wilhelmine Hanke

Ein natürlicher Anpassungsprozess

Wir können Stress auch schlicht als Versuch des Organismus sehen, sich an eine veränderte Situation anzupassen. Dieser Mechanismus schaltet sich immer dann ein, wenn wir uns unsicher fühlen: Wenn du noch nicht weißt, wie es nach der Uni weitergehen soll, dann kann das ganz schön stressen. Genauso wenn du umgezogen bist und auch noch eine neue Arbeitsstelle angetreten hast, ist vieles sehr neu. Nicht immer ist das bedrohlich oder im negativen Sinne stressig, denn natürlich sind Veränderungen auch aufregend.

Trotzdem ist dein Organismus alles andere als entspannt, denn das Neue bedeutet auch immer, dass auf mögliche Gefahren geachtet werden muss. Dein Organismus scannt alle neuen Begebenheiten ganz automatisch, aber meist ohne dass du das bewusst mitbekommst. Er prüft die neuen Menschen in deinem Leben, sucht mögliche Fallen, tüftelt Strategien aus, die uns stärken oder wichtig für uns erscheinen.

Währenddessen machen wir uns noch mit den neuen Aufgaben vertraut. Wir brauchen eine Weile, um zeit- und kraftsparende Routinen zu entwickeln, Neues zu lernen und Überbrückungsmaßnahmen zu organisieren für all das, was wir noch nicht so gut können. Das ist eine unglaubliche Hirnleistung, die oft unbewusst geschieht. Vielleicht erklärt das, warum du dich in neuen Situationen, auch wenn Sie positiv sind, unter Umständen so erschöpft fühlst.

Wichtig ist, einen bewussten Ausgleich zu schaffen. Besonders dann, wenn du weißt, dass eine längere Phase der Umgewöhnung und damit auch ein erhöhtes Stresslevel ansteht. In solchen Fällen besteht das Risiko der Chronifizierung: Wenn wir uns nicht ausreichend anpassen können, dann bleiben wir im Stress gefangen, und aus einem heilsamen Anpassungsprozess wird ein chronischer Stressmodus, meist begleitet durch eine schlechte Grundstimmung und Gedankenschleifen, von denen wir uns eine Lösung erhoffen.

Keine Sorge, generell sind Körper und Geist sehr anpassungsfähig! Sobald wir uns an die neue Situation angepasst und neue Routinen ausgebildet haben, entspannt sich der Organismus auch wieder. Meditation hilft dir, in dieser Zeit gelassener und achtsamer zu werden und inmitten dieser spannenden Zeit entspannt zu bleiben. Leben macht Spaß, vor allem dann, wenn wir uns sicher fühlen und auch in kniffligen Situationen die Kontrolle bewahren können.

Gedankenstress: Grübeln

Das Phänomen des Grübelns sucht uns vornehmlich in Ruhezeiten heim, in denen wir gerade nichts Besonderes tun, wie abends, mitten in der Nacht, wenn wir aus einem unruhigen Schlaf aufwachen, unter der Dusche oder auf dem Weg zur Arbeit. Manchmal sind diese Gedanken so stark, dass sie jede Tätigkeit überlagern und ohne Unterlass ablaufen. Das Grübeln hält dich geistig dauernd beschäftigt, und genau das macht es so quälend, zumal doch nichts wirklich Produktives dabei herauskommt. Diese Gedankenprozesse gehören zu den Symptomen von Stress.

Dieses Grübeln gehört zu einem wichtigen geistigen Verarbeitungs- und Lernprozess, der dich darin unterstützen soll, aus Fehlern zu lernen und für neue Situationen besser gewappnet zu sein. Dazu gehört auch, dass der Organismus passend zu dem, was geistig in uns abläuft, Stresshormone ausschüttet. Das führt dazu, dass unser Herz klopft und wir wütend oder ängstlich werden, selbst wenn wir gerade in einer sicheren Umgebung sind (beispielsweise im Bett). Damit werden neue Schaltkreise im Gehirn angelegt, die es dir in einer ähnlichen Situation ermöglichen, besser und schneller zu reagieren. Wenn wir schlafen wollen, raubt uns dieser Prozess aber oft den letzten Nerv. Da das Gehirn darauf bedacht ist, zu einer schnellen Lösung zu kommen, setzt es gerne auch mitten in der Nacht noch mal an und dreht eine Runde auf dem Gedankenkarussell. Denn noch lieber, als an nichts zu denken, beschäftigt es sich mit bekannten Denkmustern, die durch regelmäßige Wiederholung Schaltkreise gebildet haben. Grübeln fällt dem Gehirn in diesem Fall tatsächlich leichter, als nichts zu tun. Die gute Nachricht: Mithilfe von Achtsamkeitsübungen können wir diesen Kreislauf durchbrechen und Gedankenstress entgegenwirken.

Es ist wichtig, den Unterschied zu erkennen zwischen hilfreichem, konstruktivem und lösungsorientiertem Nachdenken und destruktiven Gedankenspiralen.

Dass wir in der heutigen Zeit so lange unter Stress leben, hat die Natur nicht vorgesehen. Natürliche Langzeit-Stresssituationen waren für unsere Vorfahren beispielsweise Zeiten der Nahrungsknappheit. Entweder hat man diese (wie im Winter) in der Höhle ausgesessen, mit möglichst wenig körperlicher Aktivität, oder man musste eine lange Wanderung in fruchtbare Gebiete antreten. Das schaffte nur jemand, der ausreichend stark und gesund war.

Je länger Stress andauert, umso stärker leidet unser Organismus. Ein lebenserhaltender Modus kehrt sich um ins Gegenteil und Stress-Folgeerkrankungen entstehen. Dauerstress schädigt das Immunsystem, die Zellen, das Herz-Kreislauf-System und auch das Gehirn. Die gute Nachricht lautet aber: Wir sind dem Stress nicht hilflos ausgeliefert! Stattdessen können wir aktiv etwas dafür tun, Stress vorzubeugen und die Signale unseres Körpers zu lesen, bevor wir krank oder erschöpft werden. Als besonders wirksam haben sich dabei Sport und Meditation erwiesen. Meditation und Achtsamkeit unterstützen uns darin, unsere inneren Widerstandskräfte zu stärken, uns in Krisenzeiten leichter zu beruhigen und angemessen mit der Situation umzugehen. Es sind nur ein bisschen Zeit und Übung nötig.

Der neue Medienstress

Eine Besonderheit unserer heutigen Welt ist die Digitalisierung und die damit verbundene potenzielle Überlastung. Die alles durchdringende Digitalisierung hat unser Leben zusätzlich zu den vielfältigen Anforderungen immens beschleunigt. Spontan aufpoppende Nachrichten unterbrechen unsere Gespräche oder Arbeitsabläufe und ziehen unsere Aufmerksamkeit auf sich. Haben Computer unsere

Welt schon revolutioniert, begann mit der Einführung des Smartphones eine gänzlich neue Ära der digitalen Erreichbarkeit, Schnelligkeit und Reizüberflutung. Kaum eine Tasche, in der sich kein Smartphone befindet. Manchmal sogar gleich zwei – ein berufliches und ein privates. Wir sind ab jetzt erreichbar. Immer! Wir können chatten und posten, wo immer wir sind, teilen unser Leben in den Weiten des digitalen Netzes.

Es kann Spaß machen oder uns ganz schön stressen, je nachdem, wie wir damit umgehen: Füllen wir jede kleine Lücke in unserem Tag durch Checken unserer Statusmeldungen, fühlen wir uns süchtig und können uns kaum noch losreißen? Oder schaffen wir es, entspannt die Kontrolle über unsere Zeit und unseren Medienkonsum zu behalten und diese neue Freiheit und Möglichkeiten der digitalen Welt für uns zu nutzen?

Zeit für Entschleunigung

Heute erleben wir, dass in der Gesundheits- und Arbeitswelt das Bedürfnis nach Entschleunigung, nach Bewusstheit und Präsenz wächst. Auch in der Esskultur landet nach dem Fast-Food-Trend nun wieder Slow-Food auf den Tellern. So wie wir uns gerne wieder die Zeit nehmen, hausgemachte Marmelade zu kochen oder unser eigenes Brot zu backen, ist es auch langsam an der Zeit, darüber nachzudenken, ob nach der ganzen Beschleunigung auch in der digitalen Welt eine Verlangsamung oder zumindest ein neuer, bewusster und nachhaltiger, uns unterstützender Umgang angesagt ist.

Der neue Trend: Zeit für dich

So stehen wir jetzt an einem der wichtigsten Wendepunkte unserer Zeit. Wir haben eine digitalisierte Welt. Sie ist da. Sie kann ein Segen oder ein Ärgernis sein. Die Entscheidung liegt tatsächlich bei uns. Wenn wir uns klar werden, was wir für uns und unser Leben möchten, was uns mit Echtheit, Leben und Sinn erfüllt, dann finden wir mit Sicherheit auch praktikable, zeitgemäße Wege, mit den Errungenschaften der Digitalisierung umzugehen. Wir können lernen, diese wirklich fantastischen technologischen Möglichkeiten so zu nutzen, dass sie uns sinnvoll unterstützen: Damit wir unser volles Potenzial an Kreativität, Verantwortung, Verbundenheit sowie Gesundheit entwickeln und unser Leben vollkommen und in Verbindung mit der Welt wirklich (er)leben können.

Das kann bedeuten, hauptsächlich solche Apps zu installieren, die für dich einen wahren Nutzen und Mehrwert haben. Apps beispielsweise, mit denen du dich aktiv entspannen, etwas Neues, Hilfreiches für dich selbst lernen und kultivieren kannst, die deine Freude und Beziehungen stärken und deine Gesundheit. Apps, um eine heilsame, fürsorgliche Routine zu entwickeln. Apps, mit denen es dir leichter fällt, für dich selbst so zu sorgen, dass du gesünder, klarer, wacher und freudvoller wirst. Genau das wollen wir dir mit unserer Meditations-App ermöglichen. Im Endeffekt ist es ganz einfach: Je bewusster wir uns selbst werden und heilsame Methoden im Umgang mit uns finden, umso weniger müssen wir auf unsere üblichen, nicht wirklich zufriedenstellenden Kompensationsroutinen zurückgreifen. Stattdessen hilft uns Achtsamkeit dabei, mehr von dem in unser Leben zu bringen, was uns wirklich glücklich und zufrieden macht.

ACHTSAMKEIT –
EINE NEUE
BEWUSSTHEIT

Achtsamkeit ist eine innere Haltung dem Leben und seinen jeweiligen Prozessen und Gegebenheiten gegenüber. Eine achtsame Haltung zeichnet sich durch eine ruhige Präsenz aus, ein bewusstes waches Dasein inmitten der Geschehnisse. Achtsamkeit schaut hin – jedoch, ohne alles reflexartig in gut oder schlecht, richtig oder falsch einzuordnen. Wir beobachten nur. Dadurch entstehen mit der Zeit mehr und mehr Erkenntnisse über unser Leben, Sein, Fühlen, Denken und Handeln und darüber, wie alles mit allem verbunden ist. Wir erkennen, dass wir nicht getrennt sind, dass jede Entscheidung, die wir treffen, Auswirkungen hat. Nicht nur auf uns, sondern auch auf andere und auf die Welt. Je stärker uns das bewusst wird, umso bewusster und umsichtiger beginnen wir, uns in der Welt, mit uns und unserem Umfeld zu bewegen. Wir erkennen, dass wir mit unseren Sorgen und Ängsten nicht allein sind, sondern dass wir alle diese Prozesse teilen. Das kann unser Herz sehr berühren. Aus diesem berührten Herzen – das bezeichnen wir als Mitgefühl – hören wir auf, anderen Leid oder Stress mutwillig zuzufügen und versuchen, mehr und mehr dafür zu tun (und manchmal auch zu lassen), dass wir uns wohler fühlen und weniger Stress oder Leid erleben. Mitgefühl und Achtsamkeit sind untrennbar verbunden.

Der Wunsch, achtsam zu sein, taucht oft auf, wenn wir merken, dass wir Stress erleben und uns Erholung oder Erlösung davon wünschen. Die Entscheidung, aktiv etwas dagegen zu tun und uns einzugestehen, dass wir einen Gang herunterschalten müssen, ist Mitgefühl mit uns selbst. Die Achtsamkeit ist dann die innere Haltung und die Meditation ist dein Werkzeug, das mehr und mehr zu üben. Wenn wir wieder Verantwortung für uns und unsere Gesundheit übernehmen, können wir auch ganz neue Kräfte in uns mobilisieren.

Achtsamkeit stärkt deine Resilienz

Vielleicht hast du es schon gemerkt: Jeder geht mit Belastungen ein bisschen anders um. Die einen sind total gestresst, während andere erstaunlich gut durch anstrengende Phasen kommen. Was den Unterschied ausmacht, ist unsere jeweilige individuelle seelische Widerstandskraft. Manche verfügen über ein sogenanntes dickes Fell, und das ist nichts anderes als eine größere psychische Stabilität, auch Resilienz genannt. Resilienz ist die Fähigkeit, gesund durch Krisen durchzugehen. Diese Eigenschaft lässt uns knifflige Lebensphasen leichter bewältigen und sogar gestärkt daraus hervorgehen. Resiliente Menschen fühlen sich seltener abhängig oder als Opfer der Situation. Sie treffen mutige Entscheidungen und glauben daran, dass sie es schaffen können, schwierige Situationen mit ihren Fähigkeiten zu bewältigen und ihr Leben zu gestalten. Damit einher geht auch die Zuversicht, Lösungen für diese Situationen zu finden.

Resilienz ist erlernbar

Wir erlernen den Grad unserer persönlichen individuellen Resilienz schon in unserer Kindheit. Je positiver unsere Erfahrungen waren, Schwierigkeiten zu meistern, und je konstruktiver, wertschätzender und liebevoller die Unterstützung unserer Eltern war, umso zuversichtlicher sind wir auch im späteren Leben. Doch selbst im Erwachsenenalter können wir diese Fähigkeiten weiter ausbauen.

Eine der wichtigsten Fertigkeiten in diesem Zusammenhang ist Achtsamkeit. Deine tägliche Meditationspraxis führt dazu, dass sich deine Widerstandskraft in Stresssituationen erhöht. Das konnte sogar in einer Studie aus dem Jahr 2010 nachgewiesen werden. Die Wissenschaftler Ulrich Ott und Britta Hölzel fanden heraus, dass Teilnehmer eines absolvierten Achtsamkeitsprogramms (MBSR – Mindfulness-Based Stress Reduction nach Jon Kabat-Zinn) Veränderungen der grauen Hirnmasse in der Amygdala aufwiesen. Die Amygdala ist der Bereich unseres Gehirns, der im Ernstfall Stresshormone ausschüttet. Eine Verdichtung der grauen Masse führt dazu, dass wir besser in der Lage sind, unsere Emotionen zu regulieren und im Alltag weniger stark auf Stress reagieren. Nicht nur, dass Meditation uns hilft, unsere Gedanken, Körperempfindungen und Gefühle bewusst wahrzunehmen, sie lehrt uns auch die Fähigkeit der Akzeptanz. Dies ist neben der bewussten und wertneutralen inneren Haltung, die wir durch die Achtsamkeit kultivieren, ein Schlüsselfaktor.

Akzeptanz hilft uns, den Stressfaktor Nr. 1 auszuhebeln: den inneren Widerstand. Wenn wir lernen, Unangenehmes als Teil unseres ganz normalen Lebens zu sehen, in dem sich Positives mit Negativem abwechselt wie das Wetter, können wir friedlicher mit uns und unserem Umfeld umgehen. Achtsamkeit hilft uns, den Glauben an uns und unsere Kraft zu bewahren, Verantwortung für unser Leben zu übernehmen und Handlungsspielräume zu nutzen.

Wie Meditation Stress reduziert

Ein Großteil unserer Stressbelastung findet nur in unserem Kopf statt – einfach weil wir uns Sorgen machen oder zu jeder Tages- und Nachtzeit über Probleme grübeln. Das führt zu einer großen Stresshormonbelastung im Körper, selbst in Zeiten, die wir eigentlich für unsere Erholung vorgesehen haben. Durch Meditation lernen wir, uns aus gedanklichen Aufschaukelungsprozessen zu lösen oder es gar nicht erst so weit kommen zu lassen. Die Probleme werden deswegen nicht einfach so aus unserem Leben verschwinden, aber wir vergrößern sie auch nicht unnötig. So können wir uns wieder erholen und werden ruhiger. Das fördert unsere Kreativität und produziert plötzlich ganz nebenbei Lösungen, auf die wir mit unserem gestressten Gehirn gar nicht gekommen sind.

Aber Meditation wirkt sich nicht nur auf Geist und Seele aus: Mit Meditation entspannt sich dein ganzer Organismus. Die Produktion der Stresshormone reduziert sich, und Stresshormone werden sogar abgebaut. Normalisiert sich deren Level, kommt auch unser Immunsystem wieder in seine Kraft. Heilungsprozesse können wieder leichter ablaufen, der Körper beginnt mit Aufräumprozessen. Es befördert einfach die eingedrungenen Erreger mittels Schnupfen und Husten wieder raus und baut Schutz vor einer erneuten Infektionen auf. So konnte auch eine Studie zeigen, dass Meditierende bei einer Grippeschutzimpfung schneller und mehr Antikörper bildeten als die Vergleichsgruppe, die nicht meditierte. (Mehr zu dieser Studie findest du auf Seite 186.) Übrigens stärkst du durch regelmäßige Meditation dein Gehirn. Forscher vermuten außerdem, dass regelmäßige Meditation auch alterungsbedingten Abbauprozessen vorbeugt.

Das kann Achtsamkeitsmeditation

Mit regelmäßiger Achtsamkeitsmeditation kannst du viel erreichen. Sie …

- 🌿 stärkt nachweislich das Immunsystem,
- 🌿 verbessert den Schlaf,
- 🌿 reduziert Stressempfinden und Ängste,
- 🌿 stoppt das Gedankenkarussell,
- 🌿 stärkt deine Beziehungen,
- 🌿 hilft dir, Gelassenheit zu entwickeln,
- 🌿 hilft dir, Glücksmomente stärker wahrzunehmen,
- 🌿 stärkt deine psychischen Abwehrkräfte und dein Selbstbewusstsein,
- 🌿 lässt dich wieder wacher und achtsamer am Leben teilnehmen,
- 🌿 hilft dir, Vergangenes leichter loszulassen,
- 🌿 stimmige Entscheidungen zu treffen,
- 🌿 Verantwortung übernehmen und tragen zu können und
- 🌿 mehr im Hier und Jetzt zu leben.

Schon wenige Minuten täglich in deinem ganz normalen Alltag können sich sehr positiv auf dich und dein Leben auswirken. Warum? Während der Meditation verändert sich unser Gehirn und es verändert mit der Zeit seine Aktivität. So werden die Bereiche, die in Stresssituationen unser Stressempfinden verstärken, jedoch heute wenig hilfreich sind, in der Aktivität gebremst, und andere Bereiche aktiviert, die uns wirklich in der heutigen Zeit unterstützen können. Wenn wir es jetzt mal digital ausdrücken: Wir programmieren uns tatsächlich mit der Meditation um und passen uns auf natürliche, entspannte Weise der heutigen Zeit an.

MEDITIEREN IN 7 TAGEN: SO GEHT'S

Meditation zu erlernen ist heute so einfach wie nie. Ganz früher musste man lange Wanderungen oder Fahrten zu einem Lehrer oder Guru antreten, um unter seiner Anleitung das Meditieren zu lernen. Heute ist das anders: Mittlerweile gibt es viele Trainings, Kurse und Retreats, die weltweit angeboten werden und sicherlich auch in deiner Nähe stattfinden. Auch wenn eine App oder ein Buch keinen Präsenzkurs ersetzen können, bieten wir dir damit einen einfachen und unkomplizierten Weg, dich mit dem Achtsamkeitstraining vertraut zu machen. So kannst du lernen, gelassen wie ein Guru zu werden, brauchst aber keinen teuren Kurs zu buchen. Alles, was du brauchst, hast du immer bei dir: deinen Atem.

Wir alle von 7Mind haben selbst erfahren, wie hilfreich und wohltuend Meditation sich auf unser Leben auswirkt. Natürlich haben auch wir Stress und Deadlines. Das lässt sich nicht wegmeditieren. Doch wir erfahren immer wieder, wie gut es tut, ein Werkzeug wie die Meditation zu haben, um uns nicht so stark mitreißen und beeinflussen zu lassen. Meditation hat uns geholfen, klarer zu werden. Wir können uns besser auf das einlassen, was geschieht, entscheiden, woran wir teilnehmen möchten und worauf wir bewusst verzichten. Achtsamkeitstraining hat den Effekt, dass wir heute nicht immer sofort auf jeden Reiz reagieren und wichtige Räume schaffen. Um es mit den Worten des Österreichischen Neurologen und Psychologen Viktor Frankl zu sagen:

»Zwischen Reiz und Reaktion
liegt ein Raum.
In diesem Raum liegt unsere Macht
zur Wahl unserer Reaktion.
In unserer Reaktion liegen unsere
Entwicklung und unsere Freiheit.«

Viktor Frankl

Meditieren lernen mit Buch und App

Wir gehören zur »Generation Smartphone« und versuchen, das Beste aus beiden Welten für uns und die Welt nutzbar zu machen. Wir wollen uns nicht aus dem Leben zurückziehen, sondern aktiv unseren Alltag gestalten, bewusst und im Hier und Jetzt.

Solltest du dich dazu entscheiden, dieses Buch in Kombination mit der 7Mind-App zu nutzen, dann ermöglichen wir dir zusätzlich zu den Übungen im Buch, in nur sieben Minuten täglich mehr Ruhe und Achtsamkeit in deinen Alltag zu bringen. Dass diese kurze Zeit schon ausreicht, um positive Veränderungen im Leben zu bewirken, konnte sogar in einer Studie bewiesen werden. Wenn du die App zusätzlich nutzen möchtest, empfehlen wir dir die folgende Vorgehensweise:

SCHRITT 1: Hol dir 7Mind aufs Smartphone

Lade dir die 7Mind-App kostenfrei im App Store oder im Google Play Store herunter. Erstelle anschließend ein Profil mit deiner E-Mail-Adresse oder mit deinem Facebook Account, und los gehts!

Nach der Anmeldung hast du automatisch Zugang zu unserem Grundlagenkurs, der dich in den nächsten sieben Tagen begleiten wird. Der Kurs umfasst sieben angeleitete Grundlagenmeditationen von je sieben Minuten. Für den Start brauchst lediglich ein Smartphone, einen Computer oder ein Tablet und eventuell deine Kopfhörer.

Am Ende eines jeden Kapitels kannst du entweder eine Meditation mit der App hören oder ganz einfach die schriftliche Achtsamkeitsübung durchführen. Ganz gleich ob du das Buch, die App oder beides nutzt, entscheidend ist, dass du dir jeden Tag ein wenig Zeit für dich selbst einräumst. So wirst du in nur sieben Tagen lernen, zu entspannen, Gelassenheit in dein Leben zu bringen und den Stress bewusst zu verabschieden.

SCHRITT 2: Mach das Buch zu deinem täglichen Begleiter

Mit diesem Buch bist du bestens vorbereitet, die Grundlagen des Meditierens zu erlernen. Du kannst in den folgenden sieben Tagen erfahren, was Achtsamkeit ganz konkret in deinem Leben bewirken kann. Am besten liest du dir das Kapitel für den nächsten Tag am Abend zuvor durch oder startest mit dem Buch in deine Morgenroutine. Wir zeigen dir kleine Übungen, die dich durch den Tag begleiten und die du direkt in der Praxis anwenden kannst.

Natürlich musst du nicht alle Tipps sofort in die Tat umsetzen. Suche dir aus, was in dein Leben passt, und starte mit einer gelassenen und offenen Geisteshaltung. Viele unserer Praxisübungen kannst du ganz nebenbei in deinen Alltag einfließen lassen. Wenn du mal keine Zeit findest, eine der Übungen oder Tipps in die Praxis umzusetzen, kannst du das

Buch auch einfach als Dankbarkeitstagebuch verwenden. Am Ende eines jeden Tages findest du genug Platz für deine Notizen. Schreibe dir jeden Abend oder jeden Morgen drei gute Dinge auf, für die du dankbar bist. Das können ganz kleine Dinge sein, wie ein gutes Gespräch mit einer Kollegin, das Lächeln des Busfahrers oder auch eine Aufgabe, die dir besonders gut gelungen ist. Nutze den Platz für alles, was zu deinem Wohlbefinden beiträgt. So kannst du es dir immer wieder in Erinnerung rufen, wenn du dich emotional etwas wackelig fühlst.

Was du sonst noch brauchst

Wir möchten Achtsamkeit und Meditation für dich so einfach zugänglich wie möglich gestalten. Für deine Meditation braucht es um dich herum nicht absolut still zu sein, dennoch sollte dich dein Umfeld zumindest für diese Zeit in Ruhe lassen. Übe am besten in Zeiten, wo du abschätzen kannst, dass du für sieben Minuten ungestört bist. Dazu bietet sich zum Beispiel der frühe Morgen an, bevor du in deinen Tag startest, oder auch der Abend. Vielleicht ist es dir aber auch möglich, dich in deiner Mittagspause zurückzuziehen oder ein paar Minuten auf deinem Weg zur Arbeit zu nutzen. Ob du gerade Musik hörst oder meditierst, kann keiner von außen sehen. Praktisch, nicht? Deswegen kannst du überall meditieren: in der Bahn, im Flieger, im Wartezimmer, an deinem Schreibtisch, in der S-Bahn, im Café, auf der Parkbank – wo immer du gerade bist. Außerdem empfehlen wir dir, immer auch einen Stift griffbereit zu haben, damit du dein Dankbarkeitstagebuch für die nächsten sieben Tage zuverlässig führen kannst.

Sitz- und Handhaltung

Du brauchst keinen besonderen Meditationsplatz für dich einzurichten. Setz dich einfach dort, wo du gerade gut üben kannst, oder wenn du schon gut sitzt, bleib da. Stell deine Füße flach auf den Boden, richte deinen Rücken auf – allerdings ohne dich anzulehnen – und lege deine Hände mit den Handflächen nach unten ganz locker auf deinen Oberschenkeln ab. Gerade am Anfang fällt es vielen oft leichter sich zu sammeln, wenn sie die Augen geschlossen haben, doch schau einfach selbst, was sich für dich gerade stimmig anfühlt.

Warum regelmäßige Übung dich unterstützt

Wir empfehlen dir, möglichst täglich zu üben. Das hört sich jetzt vielleicht erst einmal etwas streng an. Gerade wenn du ein Freigeist bist und dir nichts vorschreiben lassen möchtest, könnte sich jetzt Widerstand in dir regen. Das können wir gut verstehen – es ging uns nicht anders – doch Studien und auch unsere eigenen Meditationserfahrungen haben gezeigt, dass wir es uns wirklich immens erleichtern, wenn wir jeden Tag meditieren. Nimm es dir zumindest für die erste Woche vor. Dieses Buch wird dich dabei begleiten und jeden Tag mit kleinen Tipps zu deiner Achtsamkeitspraxis motivieren. Unser Gehirn ist ein Gewohnheitstier. Es mag Routinen, denn sie sind der Energiesparmodus unseres Gehirns und stellen sicher, dass wir alles, was wir häufig in unserem Leben tun müssen, mit der Zeit wie im Schlaf können. Das geht aber nur dann, wenn wir es sehr oft wiederholen. Wenn wir etwas tun, dann werden in unserem Gehirn neuronale Verschaltungen angelegt. Wenn wir diese Tätigkeit dann wiederholen, verstärkt sich die Verschaltung. Unser Gehirn ist evolutionsbiologisch auf das Optimieren ausgelegt, das heißt, je leichter uns etwas fällt, umso weniger Energie und Zeit wird dafür verbraucht. Denn stell dir mal vor, du müsstest jeden Morgen überlegen, ob und wie du dir jetzt die Zähne putzt und was du dafür benutzen könntest.

Erinnerst du dich vielleicht noch, was du vor ein paar Seiten über Stress und unseren Anpassungsprozess gelesen hast? Diese Routine-Bildung gehört mit zur Strategie der Natur, uns an neue Situationen anzupassen und unseren Umgang damit zu optimieren. Je perfekter das klappt, desto besser überleben wir, und umso weniger Energie und Zeit brauchen wir für diese Aufgabe. Sie fällt uns schließlich immer leichter. Alles, was wir in unserem Leben lernen, hat mit diesem Prozess zu tun. Denn bevor du etwas richtig gut kannst, hast du es wahrscheinlich längere Zeit wiederholt und öfters geübt. Das gilt auch für unsere Verhaltensweisen, für Lebensgewohnheiten, die Art und Weise, wie du morgens deinen Kaffee machst, und ob du erst ins Bad gehst oder erst frühstückst.

Diese Fähigkeit, eine Routine auszubilden, machen wir uns auch in der Meditation zunutze. Am Anfang ist es für dich verständlicherweise ungewohnt, doch das gibt sich schnell. Dann wird es immer leichter werden, und dein Gehirn unterstützt dich darin. Und du wirst sehen, nach sieben Tagen hast du dich schon etwas daran gewöhnt.

Warum ist das so?

Während der Meditation beginnt dein Gehirn neuronale Verschaltungen für diese neue Aktivität anzulegen. Mit jedem Mal, wenn du deine Aufmerksamkeit von den Gedanken wieder zurück auf den Atem lenkst, verstärkt dein Gehirn diese Verschaltungen. Mit der Zeit wird es dir dann immer leichter fallen, dich von Gedanken zu lösen und deine Aufmerksamkeit beim Atem zu lassen. Diese Fähigkeit steht dir nach einer gewissen Übungszeit auch in anderen Zusammenhängen zur Verfügung. Ein Beispiel: Wenn du dich auf deine Arbeit konzentrieren möchtest, aber dich etwas ablenkt, wirst du es schneller bemerken und dich dann leichter wieder mit voller Aufmerksamkeit deiner Arbeit zuwenden können. Wir stärken jede Fähigkeit, die wir in unserem Leben haben möchten, durch tägliche Wiederholung. Deswegen praktiziere täglich, und dein Gehirn unterstützt dich darin. Und wir von 7Mind tun dies auch!

Und nun geht es los. Bist du bereit für dich?

>>Es gibt in der Welt einen einzigen Weg, auf welchem niemand gehen kann außer dir: Wohin er führt, frag nicht. Geh ihn!<<

Friedrich Nietzsche

TAG 1:
ES BEGINNT
BEI DIR

Willkommen an deinem ersten Meditationstag!

Du wirst schnell merken, Meditation ist leicht, macht Freude und wirkt sich sehr positiv auf dein Leben aus. Egal, ob du dieses Buch am Abend liest und morgen früh in deine neue Routine starten möchtest, ob du dir am Morgen oder zwischendurch Zeit zum Lesen genommen hast – lass uns in einem ersten Schritt dein ganz persönliches »Warum« finden: Was ist dein Antrieb, meditieren zu lernen? Kennst du vielleicht Menschen in deinem näheren Umfeld, die regelmäßig meditieren? Vielleicht eine Freundin oder eine Arbeitskollegin, die dir davon erzählt haben? Oder bist du ganz einfach neugierig, was das ist und was mit dir geschehen mag? Was ist es, was dich an der Meditation anzieht?

Bevor wir selbst mit der Meditation anfingen, sehnten wir uns beispielsweise nach Ruhe, nach Entspannung, ja auch irgendwie nach Einfachheit und mehr Sinnhaftigkeit. Wir fühlten uns in unserem Leben zunehmend gestresst von den vielen Anforderungen, dem Multitasking, der zunehmenden Schnelligkeit. Irgendwie war es toll, mit jedem überall zu jeder Zeit in Kontakt zu stehen, teilzunehmen am Leben von Freunden, selbst wenn sie am anderen Ende der Welt lebten. Informationen sind so einfach zugänglich wie noch nie zu vor. Recherchen und Abstimmungsprozesse können einfach und super schnell erledigt werden. Das ist großartig, aber auf der anderen Seite fühlten wir uns irgendwie ausgelaugt. Wir erlebten die Digitalisierung und ihre immense Beschleunigungkraft auf unser Leben hautnah mit und auch, welche Auswirkungen dies auf uns und unser Umfeld hatte. Uns wurde immer klarer, welch wichtigen und notwendigen Stellenwert Achtsamkeit für unsere Gesundheit, Zufriedenheit und auch unsere Arbeit hat. Wir wollten wieder zurückfinden zu einem angemessenen Lebens- und Arbeitstempo. Wir wollten wieder mehr Zeit haben und wirklichen Kontakt mit Freunden in der analogen Welt pflegen. Und wir wollten wieder selbst bestimmen, woran wir teilnehmen, und die Informationsflut auf ein für uns angenehmes Maß begrenzen. Die Achtsamkeit und die Meditation passten perfekt zu diesen Bedürfnissen. Sie erschien uns nicht als Zuflucht, sondern eher als eine natürliche Antwort auf die Anforderungen unserer modernen Welt, in der wir uns ja wiederum auch zu Hause fühlen.

Nach einigen Jahren der intensiven Beschäftigung und Auseinandersetzung mit Meditation und uns selbst haben wir herausgefunden, wie wir die Praxis der Meditation auf eine leichte und effektive Art vermitteln können. Dabei ist uns auch klar geworden, wie wichtig eine innere Motivation für die Ausrichtung der Praxis ist. Denn die Motivation ist es, die uns antreibt, die uns morgens verschlafen auf das Meditationskissen bringt, auch wenn das Bett eigentlich viel gemütlicher wäre. Und sie hilft uns durch Tage, an denen wir so gar keine Lust haben, zu meditieren. Diese innere Sehnsucht hat uns immer und immer wieder getragen. Darum möchten wir genau diese Erkenntnis für dich von Anfang an nutzbar machen.

Was motiviert dich?

Manchmal kommt der erste Anstoß von außen, weil dir vielleicht jemand davon vorschwärmt, wie toll Meditation ist, und meint, dass du es unbedingt ausprobieren solltest. Oder dir hat dein Arzt dringend geraten, dich zu entspannen, und dir Meditation vorgeschlagen. Doch was ist *dein* innerer Antrieb? Warum willst *du* meditieren? Was erhoffst *du* dir von der Meditation?

In den seltensten Fällen haben Menschen darauf direkt eine spontane Antwort. Das verwundert nicht, denn diese Fragen kann man nicht schnell nebenbei oberflächlich beantworten. Hier geht es um deine tiefer liegende Motivation. Was willst du wirklich? Das ist meist ein sehr komplexes Zusammenspiel aus deinen Bedürfnissen, Wünschen und Werten, aus dem, was für dich wertvoll und erstrebenswert im Leben ist. Das kann beispielsweise Sicherheit sein, Anerkennung, Erfolg, aber auch Glück, Gesundheit oder Geborgenheit.

Werte motivieren uns in unseren Handlungen viel stärker als die besten Vorsätze. Werte spiegeln sich immer in deiner Lebenshaltung wider und darin, was du auf welche Weise angehst. Wenn du innerlich motiviert bist, dann ist es für dich selbst wichtig und wertvoll, so zu handeln, wie es zu deinen Werten passt. Und dein Ziel, das du erreichen möchtest, wird ebenfalls diesen Werten entsprechen. Ziele, die diesen Werten nicht entsprechen oder gar zuwiderlaufen, können wir kaum oder nur unter großer Anstrengung erreichen. Es ist, als ginge dann immer wieder die Luft raus, oder wir beginnen sogar, unser Tun unbewusst zu sabotieren. Nur wenn wir etwas machen, zu dem wir innerlich wirklich »Ja« sagen und richtig bereit dazu sind, läuft es oft wie von selbst. Natürlich ist es trotzdem manchmal anstrengend. Doch diese Anstrengung können wir dann viel leichter und motivierter meistern, weil wir etwas wirklich wollen und wir darin einen Sinn sehen.

Die Art und Weise, wie du der Welt entgegentrittst, wie du mit deinem Umfeld umgehst, wie du lebst, liebst und arbeitest und was du für richtig oder falsch hältst, richtet sich danach, was du für wertvoll und erstrebenswert in deinem Leben erachtest – wofür du also auch gerne deine Kraft und Zeit investierst. Verbindest du dein Vorhaben mit dem, was für dich wertvoll, angenehm, erstrebenswert und gut ist, dann steigen die Chancen, dass dein Vorhaben Früchte trägt und dich auch nährt. Statt den für unser Gehirn sehr abstrakten Begriff der Gesundheit als Ziel zu verwenden, ist es hilfreich, dir bewusst zu machen, was du dann erleben kannst. Unser Gehirn ist evolutionsbiologisch ein erlebnisorientiertes, fühlendes Gehirn. Das Erleben und das damit verbundene Gefühl stehen für unser Gehirn als Motivator und Gradmesser immer an erster Stelle.

Ein Beispiel: Wenn du gerne deine Stressresistenz mit Meditation verbessern möchtest, wie würdest du dich dann fühlen, wenn du stressresistenter bist? Vielleicht fühlst du dich dann gelassener, freier, leichter, kannst wieder lachen und genießt es wieder, mit deinen Kindern zu spielen. Du würdest dich vielleicht auch wieder freudvoller und kraftvoller, ja dynamischer fühlen, hättest wieder mehr Lust, auch andere Aktivitäten mitzumachen, für die du dich bisher zu erschöpft gefühlt hast. Möglicherweise würdest du dich auch sicherer, in schwierigen Situationen besser gewappnet fühlen und darauf vertrauen, dass du das schon alles hinkriegst.

Finde deine Werte

Vielleicht hast du schon eine Ahnung, welche Werte dich motivieren, vielleicht ist es für dich aber auch noch fremd, dich auf diesem Weg einem neuen Vorhaben zu nähern. Auf der kommenden Seite haben wir eine Liste mit Werten zusammengestellt, die dir helfen, deinem persönlichen »Warum« näherzukommen. Wenn du dir beispielsweise wünschst, weniger Stress zu haben, ist Entspannung wahrscheinlich einer deiner Grundwerte. Statt dich nur auf die Meditation zu konzentrieren, wärst du in diesem Fall sehr viel motivierter, generell mehr Entspannung und Ruhe in deinen Alltag zu integrieren und dein Leben so zu organisieren, dass Meditation dort einen festen Platz bekommt. Sollte es mal einen Tag geben, an dem Meditieren dir einfach nicht möglich ist, solltest du dich auf keinen Fall verdammen. Wenn Entspannung zu deinen Grundwerten gehört, kannst du einfach den Kaffee am Morgen langsamer trinken, zur S-Bahn schlendern, statt schnell zu gehen, oder während der Mittagspause ganz allein durch die Nachbarschaft deines Arbeitsplatzes spazieren. Dein Grundwert hilft dir, dich immer wieder an deinen Bedürfnissen auszurichten und das, was wirklich wichtig ist, im Blick zu halten.

Kreuze also spontan drei Werte an, die dir besonders wichtig erscheinen:

☐ Respekt
☐ Achtsamkeit
☐ Sicherheit
☐ Kontrolle
☐ Anerkennung
☐ Leichtigkeit
☐ Entspannung
☐ Sinn
☐ Freiheit
☐ Einfachheit
☐ Genügsamkeit
☐ Mitgefühl
☐ Ordnung
☐ Zuversicht
☐ Abwechslung
☐ Stille
☐ Liebe
☐ Ehrlichkeit
☐ Gesundheit
☐ Gerechtigkeit
☐ Neugier
☐ Ruhe
☐ Weiterentwicklung/
   Lernen
☐ Familie
☐ Zusammengehörigkeit
☐ Vertrauen
☐ Unabhängigkeit/Freiheit
☐ Einfluss/Mitgestaltung

☐ Attraktivität
☐ Fairness
☐ Gelassenheit
☐ Disziplin
☐ Freundschaft
☐ Herzlichkeit
☐ Großzügigkeit
☐ Harmonie
☐ Menschlichkeit
☐ Spiritualität
☐ Mut
☐ Klarheit
☐ Toleranz
☐ Abenteuer
☐ Lebendigkeit
☐ Energie/Vitalität
☐ Verlässlichkeit
☐ Wahrheit
☐ Weisheit
☐ Treue
☐ Zuverlässigkeit
☐ Hilfsbereitschaft
☐ Frieden
☐ _____
☐ _____
☐ _____
☐ _____
☐ _____

Schreibe dir hier deine drei Grundwerte noch einmal auf:

1. _____

2. _____

3. _____

Nun bist du deiner inneren Motivation schon etwas näher gekommen. Wenn du noch etwas tiefer gehen möchtest, dann haben wir hier noch drei Tipps, mit denen du deine Motivation entdeckst und auch in schwierigen Situationen Antrieb findest.

3 Tipps, um dich langfristig zu motivieren

1. Erkenne deine Stärken

Selbstakzeptanz ist die wichtigste Basis für all deine Vorhaben. Um dich langfristig zu motivieren, solltest du dir vor allem Ziele setzen, die zu dir und deiner individuellen Persönlichkeit passen. Frust ist vorprogrammiert, wenn du versuchst, dir etwas anzueignen, das dir einfach nicht entspricht. Oft sind wir uns unserer Schwächen sehr bewusst. Richte deine Aufmerksamkeit aber auch auf die Dinge, die du gut kannst. Versuche, liebevoll mit dir umzugehen und deine Lebenssituation so zu betrachten, als wäre sie die deines besten Freundes oder der besten Freundin. Ein neues Vorhaben sollte keine Flucht sein, sondern dich im Alltag unterstützen und erden.

2. Fang klein an

Vielleicht hast du auch schon so etwas gesagt wie »ab jetzt für immer«. Das setzt uns nicht nur ungemein unter Druck, sondern führt auch dazu, dass wir zu dogmatisch an die Dinge herangehen und unsere Leichtigkeit verlieren. Fang mit ganz kleinen Veränderungen an und erwarte vor allem nicht zu viel auf einmal von dir selbst. Eine neue Routine braucht Zeit. Steck dir für den Anfang also keine zu hohen Ziele, sondern definiere den kleinstmöglichen Schritt – und dann geh ihn einfach.

3. Visualisiere dein Ziel

Wie würde dein Leben aussehen, wenn sich dein Wunsch erfüllt hat und du in Einklang mit deinen Werten lebst? Wie würdest du dann deinen Tag verbringen, dein Leben erleben? Wie würdest du dann arbeiten oder deine Beziehung gestalten? Werde ganz konkret und stell dir lebhaft vor, was sich genau verändern wird (z.B. mehr für deine Kinder da sein können, wieder Sport treiben, dich sicherer im Job fühlen, liebevoller mit meinem/er PartnerIn umgehen).

Prima! Jetzt bist du deinem »Warum« schon ein bisschen nähergekommen. Gerne kannst du dich in den nächsten Tagen noch weiter damit beschäftigen, denn vieles erschließt sich uns erst mit der Zeit. So wird dir wahrscheinlich ganz von selbst und nebenbei noch das eine oder andere klar werden zur Frage nach deinen Beweggründen, warum du meditieren möchtest.

Mach dir den Anfang leicht

Gerade am Anfang von etwas Neuem ist es nicht einfach, den Fokus auf das Neue zu halten. Allzu schnell gerät es im Alltag in Vergessenheit. Kleine Erinnerungshilfen wie Gegenstände, Sprüche oder Bilder unterstützen dich, es immer wieder in den Fokus zu bringen. Vielleicht hast du bei Meditierenden Omm-Zeichen, Mala-Armbänder oder Buddha-Statuen gesehen. Sie dienen nicht nur als Schmuck, sondern hauptsächlich als Erinnerungshilfen. Geschickt, oder? Die moderne Psychologie macht sich das ebenfalls zunutze. Es ist also nicht gleich ein religiöser Akt, wenn du dir ein Armband mit einem Omm-Zeichen umbindest, sondern einfach ein psychologisch geschicktes Erinnerungsmittel. Genauso gut funktioniert auch ein Schlüsselanhänger oder auch einfach der Smartphone-Wecker zu deiner liebsten Meditationszeit.

Nutze jetzt die Zugkraft deiner Motivation und nimm sie gleich mit in deine erste Meditation. Wir sind überzeugt, dass das einen sehr großen Unterschied für die Woche und deine gesamte Übungspraxis machen wird.

> **»Aus kleinem Anfang
> entspringen alle Dinge.«**
>
> *Marcus Tullius Cicero*

Achtsamkeitsübung: In 10 Atemzügen zu dir

Eine beliebte Methode, um im Hier und Jetzt anzukommen, ist das Zählen des Atems. Der Atem ist ein guter Ausgangspunkt, um in deinem Körper anzukommen, denn du hast ihn immer bei dir. Von jetzt an kannst du am Ende eines jeden Tages diese Atemübung machen und so lernen, deinen Fokus bewusst auf eine Sache auszurichten. Diese Methode ist bekannt aus der Zen-Meditation und lässt sich überall dort durchführen, wo du für ein paar Momente ungestört bist.

Setze dich aufrecht hin und lege deine Hände locker auf den Oberschenkeln ab. Lasse die Schultern entspannt hängen und erde beide Füße fest auf dem Boden. Schließe nun die Augen und beginne einfach damit, deinen Atem zu zählen. Lass ihn ganz natürlich fließen und sage dir innerlich laut die Zahl »Eins«, sobald du ein- und anschließend wieder ausgeatmet hast. Versuche, zehn ganze Atemzüge zu nehmen, ohne gedanklich abzuschweifen. Für den Anfang kann das schon eine ganz schöne Herausforderung sein! Keine Sorge, die wenigsten schaffen es, an »nichts« zu denken. Gedanken sind ganz normal. Wenn du beim Zählen durch eine Geschichte deines Geistes unterbrochen wirst, fängst du wieder bei Eins an. Vielleicht schaffst du es ja sogar, bis zur Nummer zehn zu kommen! Vielleicht brauchst du aber auch ein paar Anläufe. Wiederhole diese Übung so oft, wie du möchtest, und schau, ob du in den nächsten Tagen die Zahl deiner gezählten Atemzüge steigern kannst.

 Wenn du dieses Buch in Kombination mit der App nutzen möchtest, dann starte jetzt die 7Mind-App und mach direkt weiter mit deiner ersten geführten Meditation.

Ein Anfang ist gemacht! Nimm dir nun einige Momente Zeit, dich zu sammeln, und notiere drei Dinge, für die du heute dankbar bist. Diese kleine Aufgabe werden wir dir ab heute jeden Tag stellen. Lass dich einfach auf dieses kleine Experiment ein und schau, wie es dir am Ende der Woche damit ergeht:

1. _____

2. _____

3. _____

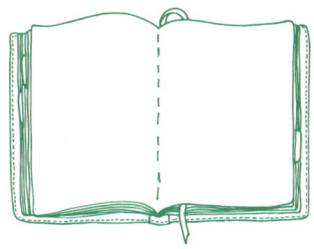

»Selbst eine schwere Tür hat nur einen kleinen Schlüssel nötig.«

Charles Dickens

TAG 2:
DEN ATEM
ENTDECKEN

Heute wirst du dich mit deinem Atem vertraut machen. Was ist eigentlich so besonders am Atem, und warum nutzen wir ihn dauernd im Achtsamkeitstraining? Um diese Fragen wird es heute gehen.

Wahrscheinlich kennst du diese ganz typischen Situationen, in denen du in Bruchteilen von Sekunden von null auf hundert bist. Oft reicht es schon, dass dir jemand die Parklücke wegschnappt oder deine Kollegin das letzte Schoko-Croissant aus der Küche nimmt – und zack: Du gehst an die Decke. Und wenn du jetzt noch müde bist oder eh schon genervt, dann passiert es schnell, dass du völlig überzogen reagierst und es später bitter bereust. Muss das so ablaufen oder geht es auch anders? Ja, das geht auch entspannter, denn Meditation kann uns helfen, mehr Selbstkontrolle und Gelassenheit zu entwickeln. Und genau hier kommt die Atmung ins Spiel. Die Atmung kann für uns zu einem Anker werden, wenn die Wellen unseres Lebens uns ziemlich mitreißen. Der Atem ist immer da, wo du bist, so lange du lebst, rund um die Uhr, sieben Tage die Woche, ohne Pause. Wenn wir lernen, den Atem bewusst zu spüren, kann er uns immer wieder zurückführen zu uns selbst – auch aus Momenten, in denen wir uns im Außen verlieren.

Wenn du deinen Atem spürst, verbindest du dich mit deinem Körper im Hier und Jetzt. Die Atmung gibt dir die Möglichkeit inmitten der Veränderung, der Unruhe und dem täglichen Chaos einen Ort zu schaffen, an dem du zur Ruhe finden kannst. Einen Ort, an dem du ausruhen und still werden kannst. Dieser Ort ist nirgendwo anders zu finden als in dir selbst. Diese Stille in dir ist unabhängig von äußeren Reizen. Über den Atem schaffst du es, inmitten des Trubels das

Auge des Sturms zu werden. Während sich um dich die Welt weiterdreht, bleibst du inmitten der Geschehnisse zentriert und gelassen.

Wenn um uns herum die Dinge in Ordnung sind, ist es oft leicht, gelassen und ruhig zu sein. Besonders wenn alles so funktioniert, wie wir uns das vorgestellt haben. Doch sobald wir mit Unvorhergesehenem, Problemen, täglichem Chaos und Schwierigkeiten konfrontiert werden, ist es nicht mehr so leicht, die gelassene Ruhe eines Buddha zu bewahren. Je häufiger du dich allerdings mit der Meditation in die Stille begibst, umso leichter wird es dir auch im hektischen Alltag fallen, auf deine innere Ruhe zurückzugreifen.

In der letzten Meditation hast du dich bereits damit vertraut gemacht, wie du mit deiner Aufmerksamkeit immer wieder zum Atem zurückkommen kannst. Wahrscheinlich hast du dabei auch erlebt, dass mal mehr und mal weniger Gedanken da waren. Und nicht nur das, da waren auch Handlungsimpulse, wie mal eben schnell noch etwas erledigen zu wollen, oder Gefühle, die teilweise von den Gedanken ausgelöst wurden, oder du hattest vielleicht auch mal Schmerzen. Das ist ganz normal. Genau diese Dinge sind es, die uns helfen, in der Meditation für den Alltag zu üben! Der Alltag ist nicht ruhig, und die Meditation erst einmal auch nicht. Ruhe entsteht erst dann, wenn wir uns darin üben, alles so zu lassen, wie es gerade ist. Das heißt, wir lernen aufzuhören, auf alles immer direkt anzuspringen.

Ungewolltes annehmen lernen

Alles, was geschieht, Gedanken, Gefühle, Körperempfindungen, Geräusche oder andere Eindrücke von außen, gehören zu unserem ganz normalen Leben dazu. Manches davon findest du toll oder es ist dir egal, doch anderes gefällt dir so gar nicht. Gelassenheit entsteht erst dadurch, dass wir aufhören, uns zu stark mit den auftauchenden Phänomenen zu beschäftigen, und ihnen nur die Aufmerksamkeit schenken, die sie wirklich brauchen. Mehr nicht, sonst werden sie zu dominant und überlagern alles andere. Spannung und Stress entstehen nur dann, wenn wir dagegen ankämpfen oder uns davor zurückziehen möchten. Entspannung bringt, dass wir lernen, das Ungewollte in unserem Leben anzunehmen und zu akzeptieren. Das heißt nicht, dass wir alles toll finden, es reicht, dass wir es lassen, wie es gerade ist, ohne uns zusätzlich dazu noch eine Drama-Geschichte zu erzählen.

Wir haben nicht immer die Wahl, was in unserem Leben geschieht und was gerade unseren schönen Plan durchkreuzt, doch wir entscheiden, worauf wir unsere Aufmerksamkeit richten. Schaust du auf das Problem, hast du ein Problem. Schaust du auf den Atem, schaffst du Ruhe und Raum. Was wir damit sagen wollen: Wenn du deine Aufmerksamkeit auf deinen Atem richtest, dann tritt für diesen Moment alles andere in den Hintergrund deiner Aufmerksamkeit. Damit entsteht Abstand, und dein Geist kann sich wieder entspannen. Dein Gehirn reagiert immer auf das, was du ihm zeigst und worauf du deine Aufmerksamkeit lenkst. Richtest du sie auf ein Problem, reagiert dein Hirn mit Stresshormonausschüttung. Richtest du deine Aufmerksamkeit auf deinen Atem, entspannt sich dein Hirn wieder und mit dem Absinken der Stresshormone kommst du wieder zur Ruhe. Viele Alltagssorgen sind hausgemacht. Sodass, wenn wieder etwas mehr Gemütsruhe eingekehrt ist, alles halb so wild ist. So entspannt kannst du alles viel leichter regeln.

Werde zum Beobachter

In der Meditation übst du, deine Gedanken und Gefühle kommen und gehen zu lassen und ihnen nicht zu folgen oder mit Aktivität zu reagieren. Wenn wir es in einem Bild ausdrücken: Du sitzt sozusagen auf deinem Atem und schaust allem anderen zu. Dein Atem ist deine Ruheplattform. Damit du auch in deinem bewegten Alltag davon profitieren kannst, ist es wichtig, dass du versuchst, deine Meditationserfahrung auch im Alltag umzusetzen. Einfach indem du dich immer wieder mit deinem Atem verbindest, bevor du ungehalten wirst, weil dir etwas gegen den Strich geht.

Gegensätze ausgleichen

Wenn wir beides in unserem Leben haben, Ruhe und Aktivität, Spannung und Entspannung, befinden wir uns im Gleichgewicht. Wir brauchen wirklich beides, damit wir gesund bleiben. Überwiegt dauerhaft eine der beiden Seiten, fühlen wir uns nicht mehr wohl und werden vielleicht sogar krank. Wenn wir zu lange angespannt und gestresst sind, fühlt sich das langfristig nicht mehr angenehm an, auch wenn es am Anfang noch anregend und spannend war. Wenn wir zu wenig Aktivität und Anregungen in unserem Leben und auch in unserer Arbeit haben, dann werden wir mit der Zeit immer unzufriedener. Das richtige Maß ist wichtig für unsere körperliche und seelische Balance.

Aktivität und Passivität – der Atem verbindet beides in uns

Der Atem verknüpft uns mit beiden Aspekten unseres Lebens: der Aktivität und der Passivität. So wird durch die Einatmung unser Körper aktiviert, Sauerstoff und Frische strömen in uns ein. Die Einatmung macht wach und schenkt Energie. Während wir ausatmen, reagiert der Körper mit Entspannung und Loslassen. Kohlendioxid wird abgegeben, die Zellen werden entlastet und unser Gemüt beruhigt sich durch das Ausatmen. Das kannst du auch prima in Alltagssituationen beobachten. Wenn du dich erschreckst, atmest du schnell und kurz ein und dein Körper strafft sofort seine Haltung, die Muskulatur spannt sich an. Wenn die Situation vorbei ist, atmest du lang und tief aus, manchmal auch mit einem tiefen Seufzer, und dein Körper lässt die Spannung wieder los.

Mit dem Atem in Balance kommen

In der Meditation hilft uns der Atem, uns immer wieder auszutarieren. Wenn du beispielsweise merkst, dass du sehr müde bist, dann verbinde dich mit der Frische und Kühle deines Einatmens. Lege mehr Aufmerksamkeit auf die Einatmung und achte auch darauf, dass du deinen Oberkörper so aufrichtest, dass sich deine Lungenflügel gut entfalten können. Bist du in der Meditation sehr aufgeregt, dann richte deine Aufmerksamkeit verstärkt auf die Ausatmung. Du kannst auch mal ausprobieren, was passiert, wenn du die Ausatmung etwas verlängerst. Mach das bitte so locker und entspannt wie möglich. Lass es geschehen. Lass den Atem locker einfließen und weich und entspannt ausfließen.

Kontakt zum Atem aufnehmen

Um deinen Atem effektiv nutzen zu können, ist es wichtig, dass du eine körperliche Verbindung zu ihm aufbaust. Es reicht nicht, nur an den Atem zu denken. Es geht darum, ihn wirklich in deinem Körper zu fühlen. Du kannst den Atem an verschiedenen Körperstellen wahrnehmen. Die Atmung hat ihren Anfang in der Nase, fließt dann über Rachen und Kehle in den Brustraum und dehnt sich (wenn du entspannt bist) bis in den Bauchraum aus.

Während der Atemmeditation ist es wichtig für dich, einen Punkt zu finden, an dem du deinen Atem gut spüren kannst. Wenn möglich versuche, deinen Atem nicht zu manipulieren. Auch wenn wir in manchen Anleitungen oder Vorschlägen für den Alltag dich dazu anregen werden, den Atem gelegentlich zu verändern, ist es für die reine Atemmeditation wichtig, dass du deinen Atem auch in seiner ganz natürlichen Intensität spürst, so wie er unmanipuliert fließt, ohne ihn extra zu vertiefen. Gerade am Anfang hat man oft Ideen darüber, wie ein Meditationsatem sein soll. Es gibt aber im Rahmen der Achtsamkeitsmeditation keinen speziellen Meditationsatem. Es geht nur darum, ihn zu spüren, so wie er jetzt gerade ist. Ob langsam oder schnell, tief oder flach, regelmäßig oder unregelmäßig, ist ganz gleich. Verabschiede dich davon, dass er ruhig, tief und gleichmäßig fließen sollte. Dem nachzueifern würde nur unnötig stressen, gerade wenn du vielleicht gestresst bist und dein Atem eher schnell und flach fließt. Während der Meditation entspannt sich dein Körper ganz automatisch mit der Zeit, und dein Atem beginnt dann ebenfalls ganz von selbst entspannter zu fließen. Das kann dazu führen, dass er sich vertieft. Doch bitte warte nicht darauf. Es reicht, dass du ihn spüren kannst. Mehr braucht es von dir jetzt nicht.

Den Atem im Alltag nutzen

Jeder Atemzug ist ein Stück Jetzt. Einatmend und ausatmend kannst du dich ganz leicht mit dem gegenwärtigen Moment verbinden, wenn du merkst, dass du dich gerade in den Anforderungen des Alltags verloren hast. Der gegenwärtige Moment hat die Zeitspanne eines Atemzugs. So kannst du den Atem auch als einen Wegbereiter zur Gegenwart sehen. Während deine Aufmerksamkeit abgelenkt war, holst du dich über den Atem wieder zurück und kannst dich dann wieder mit dem verbinden, was gerade geschieht.

Wir haben für dich drei Tipps, mit denen es dir gelingen kann, deine Aufmerksamkeit wieder in die Gegenwart zurückzuholen, wenn du merkst, dass du abgelenkt warst. Probiere Sie heute einfach mal aus. Du kannst sie auch über die ganze Woche immer wieder nutzen:

»Es ist nicht wenig Zeit,
die wir haben,
sondern es ist viel Zeit,
die wir nicht nutzen.«

Lucius Annaeus Seneca

3 Tipps, um dich mit dem Hier und Jetzt zu verbinden

1. Mach den Alltag zu deinem Übungsplatz

Verbinde alltägliche Übergangssituationen mit deiner Atmung. Atme bewusst ein und aus, bevor du eine neue Tätigkeit aufnimmst, ein Telefongespräch annimmst, morgens aufstehst oder von einem Raum in den nächsten wechselst. Nutze zum Beispiel den Moment, wenn du eine Türklinke drückst, und verbinde dich kurz mit deinem Atem: einfach einatmen, ausatmen, durchgehen. Nimm einen bewussten Atemzug und richte dich anschließend innerlich neu aus.

2. Nutze den Körper als Anker

Zwei Dinge hast du immer bei dir: deinen Atem und deinen Körper. Wann immer du im Alltag Verbindung zu dir selbst aufnehmen möchtest, kannst du dich auf deine körperlichen Empfindungen konzentrieren und so für einen Moment aus deinem Kopf kommen. Spüre einfach die Kleidung auf deiner Haut, schau ob dir eher kalt oder warm ist, oder spüre ganz bewusst den Luftzug, wann immer eine Tür aufgeht. Verweile einen Moment bei deinem Körper und dann gehe wieder in deinen Tag.

3. Aktiviere alle deine Sinne

Lass über das Atmen die Welt regelrecht in dich hinein-strömen – mit all ihren Gerüchen und Eindrücken. Atme den Duft einer Rose, das köstliche Aroma von Spaghet-ti-Soße oder was immer du magst. Lass Geräusche ein-fach zu dir kommen, ohne ihnen nachzujagen. Schärfe alle deine Sinne und beobachte, was immer gerade in deinem Sichtfeld auftaucht, mit kindlicher Neugierde und Entdeckergeist.

Wie du siehst, kannst du kleine Achtsamkeitsübungen jeder-zeit in deinen Alltag einfließen lassen und im Stillen mit dir selbst praktizieren. Natürlich sind wir täglich auch in Kontakt mit anderen Menschen. Deshalb möchten wir dir an dieser Stelle noch eine kleine Übung vorstellen, mit der du die stil-le Präsenz, die du in dir schaffst, auch nach außen tragen kannst.

Achtsamkeitsübung:
Achtsam zuhören

Passiert es dir auch manchmal, dass du dich mit jemandem unterhältst und anschließend gar nicht mehr richtig weißt, worum es in dem Gespräch ging? Keine Angst, damit bist du nicht allein. Gerade wenn wir einen langen Tag hatten und aus dem Büro zum Abendessen mit guten Freunden hasten, ist die Aufmerksamkeitsspanne gering. Aber auch bei einem gemeinsamen Frühstück am Sonntagmorgen kann es passieren, dass wir abdriften, tagträumen oder sogar das Smartphone checken, während das Gegenüber noch erzählt. Kaum eine Übung hinterlässt einen so starken Eindruck wie achtsames Zuhören. Achtsames Zuhören bedeutet vor allem, deine eigenen Gedanken zu stoppen und deine komplette Aufmerksamkeit deinem Gesprächspartner zu widmen.

Wann immer du heute mit anderen Menschen sprichst, versuche, ihnen voll und ganz zuzuhören. Halte den Blickkontakt und widerstehe für einige Momente dem Drang, nachzuhaken, Fragen zu stellen oder deine eigene Meinung einzubringen. Egal was für Gespräche heute anstehen, erinnere dich jeweils kurz davor, es bewusst und mit Achtsamkeit zu führen. Du wirst sehen, dass sich deine Kommunikation dadurch fast automatisch verbessert.

Wenn du möchtest, kannst du mit einer Meditation fortfahren. Nutze dazu entweder die Atemmeditation von Tag 1 oder starte deine 7Mind-App.

Bestimmt gibt es auch heute wieder drei Dinge, für die du dankbar bist. Notiere sie dir am besten gleich hier:

1. _____

2. _____

3. _____

»Auch die Pause gehört zur Musik.«

Stefan Zweig

**TAG 3:
WIE WÄRE ES
EINMAL MIT
NICHTS?**

Heute widmen wir uns der Frage, wie wir es schaffen können, Entspannung im Alltagstrubel zu finden. Vielleicht kennst du dieses Gefühl, im Kopf regelrecht überlastet und überfüllt zu sein. Schläfst gar schlechter als sonst und erlebst immer öfter, dass dein Geist entweder dauernd gedanklich Situationen wiederholt oder sich anfühlt, als wäre Watte in deinem Kopf. Zunehmend beobachtest du, dass du gar keine Lust mehr auf Gespräche hast und wenn du mal etwas lesen möchtest, hast du Schwierigkeiten dich zu konzentrieren. Das sind typische Überlastungsreaktionen. Dafür gibt es, neben der Meditation, ein ganz einfaches Mittel: Das süße Nichtstun!

Muße – kein Leerlauf für dein Gehirn

Kennst du noch diesen etwas altbackenen Begriff der Muße? Dass er aus der Mode gekommen ist, wundert uns in einer Zeit der Beschleunigung nicht. Doch so langsam wird er wieder modern, denn er wirkt wie Balsam für überhitze Hirnaktivitäten. Dabei ist Muße freie Zeit, die du nach Belieben ver(sch)wenden kannst. Dazu gehört auch bereits ein Moment, in dem wir bewusst innehalten und für ein paar Minuten nichts tun – nicht lesen, nicht sprechen, nicht surfen, nicht schreiben. Ein Moment, in dem wir einfach nur mal sein dürfen.

Warum ist Muße wichtig?

Unser Gehirn verarbeitet auf zweierlei Arten:
1. in Leerlaufzeiten während des Alltags
2. während des Schlafens in der Nacht

Mußezeiten sind wichtig für deine Hirngesundheit. Gerade wenn dein Tag sehr voll ist und du vielen Eindrücken ausgeliefert bist, braucht dein Gehirn kurze Ruhephasen schon während des Tages, um die Informationen und Erlebnisse zu sortieren. Das hat sehr positive Auswirkungen auf deine Nachtruhe. Du wirst ruhiger und erholsamer schlafen. Wenn sich aber sehr viele unverarbeitete und stressende Eindrücke angesammelt haben, wird die Nacht unruhig und wenig erholsam ausfallen. Dann leistet dein Gehirn in der Nacht Schwerstarbeit, deine Träume werden wahrscheinlich ziemlich anstrengend oder du schreckst immer wieder auf und findest dich in nächtlichen Grübeleien wieder.

Mußezeiten brauchen wir, um kreativ zu sein. Ein gestresstes und überlastetes Gehirn schaltet in den Sparmodus und stellt nur noch die notwendigen Grundfunktionen zur Verfügung. Das ist unpraktisch, wenn du auf kreative Einfälle angewiesen bist. Vielleicht hast du es selbst schon mal erlebt, dass dir die besten Einfälle immer in Entspannungsphasen kamen, sei es beim Laufen oder während du schlicht deine Wäsche sortiert hast. Wenn du gerade keine Wäsche hast und nicht laufen gehen möchtest, versuch es mal mit Löcher-in-die-Luft-Gucken. Regelmäßig angewendet räumt es dein Gehirn auf und macht dich entspannter und damit auch kreativer.

Pausen einschalten

Gerade in Zeiten, in denen viel los ist und sich die Arbeit stapelt, ist die Verlockung groß, einfach durchzuarbeiten. Dabei ist es ganz gleich, was du für Aufgaben hast, ob du im Büro bist, in der Werkstatt, dich um deine Familie kümmerst oder versuchst, alles gleichzeitig zu managen. Vielleicht hast du sogar manchmal Angst, durch einen Moment der Ruhe deinen Drive zu verlieren oder willst nur schnell noch das eine und das andere erledigen. Bevor du dich versiehst ist aus dem »Mal eben« eine lange Phase geworden und du wunderst Dich, warum du erschöpft und ständig müde bist und es dir immer schwerer fällt, dich z konzentrieren.

Studien haben allerdings gezeigt, dass bereits regelmäßige kleine Pausen von fünf Minuten pro Stunde unserer Kreativität und Produktivität besonders gut tun.

———————

Wichtig zu wissen:
Regelmäßige kleine Pausen steigern deine
Leistungsfähigkeit!

———————

Meditation ist übrigens prima geeignet für eine kurze Pause, auch während deiner Arbeitszeit. Achtsamkeitsmeditation kann dir nämlich helfen, dich besser zu konzentrieren, dein Gehirn zu entlasten und regelrecht herunterzufahren. Anschließend ist es wieder viel produktiver.

Stressfrei durch die Nacht

Der Schlaf ist nicht nur sehr wichtig für unser Wohlbefinden, sondern auch für unsere Leistungsfähigkeit im Alltag. Einen gelegentlichen Schlafmangel können wir noch ganz gut abpuffern, doch wenn unser Schlaf dauerhaft gestört ist, können wir ernsthaft darunter leiden.

Hast du gewusst, dass wir ungefähr 25 Jahre unseres Lebens im Schlaf verbringen? Durch den Schlaf sammeln wir wieder Kraft und laden unsere »Akkus« wieder auf. Doch nicht nur das, auch körperliche Reparaturprozesse laufen ab, während wir gemütlich vor uns hinträumen. Unser Gehirn verarbeitet im Schlaf die Eindrücke des Tages, sodass wir wieder mit einem aufgeräumten Geist in den neuen Tag starten können. Darum ist es nicht verwunderlich, dass ein dauerhaft gestörter Schlaf weder unserem Körper noch unserer Seele guttut. Ein- und Durchschlafprobleme können sehr unterschiedliche Ursachen haben, doch eine der häufigsten Ursachen ist Stress. Die einen haben Schwierigkeiten einzuschlafen und grübeln noch über die ungelösten Themen des Tages, die anderen schlafen hingegen recht gut ein, doch wachen mitten in der Nacht auf. Genau dann schaltet sich das Gedankenkarussell ein und erschwert das Weiterschlafen.

Du kennst das vielleicht: Wenn deine Nacht zu kurz war und du dich hin und her gewälzt hast, dann ist es nicht leicht durch den Tag zu kommen. Du bist nicht nur müde, sondern auch unkonzentrierter, weniger motiviert, kraftloser und auch deine Laune schäumt nicht gerade über. Die täglichen Herausforderungen oder auch Launen unserer Mitmenschen sind viel schwerer abzufangen, als wenn du wach und ausgeschlafen bist. Das kann so einen Tag neben der Müdigkeit richtig schwer machen. Für unseren Körper sind gerade die Tiefschlafphasen wichtig, weil der Körper sich in ihnen erst richtig regeneriert. Das Immunsystem arbeitet auf Hochtouren, bekämpft eingedrungene Erreger, Zellen werden repariert und ausgetauscht und der Körper regelrecht entgiftet.

Für unsere psychische Gesundheit ist die Traumphase unseres Schlafs besonders wichtig. Wenn sie fehlt oder viel zu kurz ausfällt, können wir die Eindrücke unseres Tages nicht ausreichend verarbeiten. Während wir träumen, leert unser Gehirn sozusagen den Arbeitsspeicher und sortiert die Eindrücke ins Archiv. So haben wir wieder Platz für neue Eindrücke. Wenn wir zu wenig Traumphasen haben, dann ist zu wenig Platz für Neues und wir fühlen uns von den neuen Eindrücken überlastet. Die gute Nachricht: Meditation kann helfen, entspannter in der Nacht zu sein und auch schneller wieder einzuschlafen, wenn du wach wirst.

Meditation verbessert den Schlaf

Gerade wenn du nicht einschlafen kannst, weil du noch stark mit den Eindrücken deines Tages beschäftigt bist und sie in Endlosschleifen durchgrübelst, kann Meditation dir helfen, entspannter in den Schlaf zu kommen und auch Momente leichter zu ertragen, wenn du zwischendurch nachts wach wirst. Oft sind es ungelöste Konflikte, Ängste und Sorgen, die uns nachts plagen und an denen wir gerade jetzt in der Nacht nichts aktiv ändern können. Darum grübelt auch dein Hirn und versucht, einen Lösungsprozess zu simulieren. Blöderweise stresst uns das mehr, als es uns beruhigt. Es ist tatsächlich wissenschaftlich erwiesen, dass Meditation helfen kann, die Dauer und auch die Qualität des Schlafs positiv zu beeinflussen. Während der Meditation tagsüber solltest du nicht schlafen, aber regelmäßige Meditation hilft dir, mit deinen Gedanken umgehen zu lernen. Denn während du in der Meditation lernst, dich immer wieder auf deinen Atem zu fokussieren, lernst du, aus Gedankenschleifen wieder auszusteigen. Damit entziehst du dem Grübeln seine Grundlage. Mit ein bisschen Übung wird es dir immer besser gelingen, auftauchende Gedanken vor dem Einschlafen einfach wieder ziehen zu lassen und auch, wenn du in der Nacht wach wirst, Grübeleien abzuschalten und weiterzuschlafen.

Abend-Rituale helfen entspannen

Gerade wenn dein Tag sehr wuselig ist, kann es dir helfen, den Abend mit einem festen Ritual ausklingen zu lassen. Unser Gehirn mag Rituale. Sie vermitteln Verlässlichkeit und Sicherheit. Wenn wir vor dem Zubettgehen ein paar Dinge tun, die unseren Organismus langsam aus der Alltagsaktivität herunterfahren lassen, entsteht in uns mehr Abstand zum Tag und der Organismus kann langsam abschalten. Das können zwei, drei langsame Yoga-Übungen sein oder das Lesen von ein paar Seiten in einem entspannenden Buch. Eine Mediation vor dem Schlafengehen hilft, dich gedanklich und körperlich zu entspannen und dich vom Alltag abzukoppeln. Restliche Stresshormone reduzieren sich und Gedankenspiralen werden gestoppt. Dein Blutdruck gleicht sich wieder aus, deine Atemfrequenz wird ruhiger und tiefer und dein ganzes Nervensystem beruhigt sich. Wusstest du, dass Meditation am Tag eine ähnlich erholsame Wirkung hat wie ein kleiner Mittagsschlaf? Solltest du dich also tagsüber nach einem Mittagsschläfchen sehnen, dich jedoch gerade nicht hinlegen können, dann schau, ob du dich stattdessen vielleicht kurz zu einer kleinen Meditation zurückziehen kannst. Oft ist eine Meditation viel leichter umzusetzen als ein Nickerchen.

Damit du grundsätzlich schon entspannter durch deinen Tag kommst, haben wir dir hier wieder einfache Tipps und eine Alltagsübung zusammengestellt, die du ganz leicht in deinen Tag einbauen kannst. Regelmäßig angewendet helfen Sie dir, in deinem Alltag ruhiger und gelassener zu bleiben. Das kommt dir auch in der Nacht zugute. Wenn wir grundsätzlich ruhiger und entspannter sind, fühlen wir uns sicher und damit vertieft sich auch unser Schlaf. Sind wir gestresst, fühlen wir uns unsicher, dann wird auch unser Schlaf unruhiger. Doch das braucht dich jetzt nicht mehr zu schrecken, denn du bist auf dem besten Wege zu einem gelassenen, entspannten Lebensgefühl.

Viel Freude beim Ausprobieren. Sollte es heute nicht gleich klappen, dann geh es locker an, du kannst es jeden Tag aufs Neue ausprobieren.

3 Tipps, wie du deinen Alltag entschleunigst

1. Genieße

Fröne deinem Laster! Du isst gerne ein Stück Schokolade vor dem Einschlafen? Du liebst es, beim Frühstück eine Folge deiner Lieblingsserie zu gucken? Was auch immer du tust, tu es mit Freude und genieße es so richtig. Lass die Schuldgefühle beiseite und hör heute einfach darauf, was deiner Seele guttut.

2. Mach Pause

Stell dir einen Wecker und lass dich nach 55 Minuten daran erinnern, für 5 Minuten Pause zu machen. Stehe für diese Zeit auf, verlasse kurz deinen Arbeitsplatz oder trinke in Ruhe eine Tasse Tee. Besonders effektiv wird deine Pause, wenn du alle Bildschirme in dieser Zeit ignorierst. Versuche also, während deiner Pause nicht dein Smartphone zu checken oder deine Social-Media-Kanäle zu aktualisieren.

3. Setze auf Mono- statt Multitasking

Wusstest du, dass Multitasking ein Mythos ist? Aus der Hirnforschung wissen wir, dass die Gehirnleistung sich reduziert, wann immer wir unsere Aufmerksamkeit »zerstückeln«, indem wir mehrere Dinge gleichzeitig erledigen. Mache die Dinge also nacheinander statt gleichzeitig. Wann immer du merkst, dass du gerade zwei Sachen auf einmal machen möchtest, halte inne und entscheide dich, welche dieser Aktivitäten du jetzt tun möchtest. Wann immer du bemerkst, dass du wieder ins Multitasking wechselst, sag dir innerlich laut das Wort »Stopp!« und widme dich wieder bewusst einer Sache.

Achtsamkeitsübung:
Bei der Sache bleiben

Ein schöner Weg, dich im Alltag auf eine Sache zu konzentrieren und nebenbei noch deine Geduld zu schulen, ist, eine Pflanze zu versorgen. Was einfach klingt, kann schon nach kurzer Zeit dein Wohlbefinden steigern. Entweder du kaufst dir eine Zimmerpflanze, bepflanzt deinen Balkonkasten oder säst neue Samen in deinem Garten aus. Nimm dir vor, dich in nächster Zeit so intensiv wie möglich um deine neue Pflanze zu kümmern. Sieh ihr beim Wachsen zu, beobachte jedes einzelne Blatt, versuche, die Unterschiede in der Blattstruktur und die verschiedenen Farben wahrzunehmen. Wann immer nötig, gieße die Erde bewusst und langsam. Beobachte, wie sich deine Pflanze im Lauf der Zeit verändert. Die positiven Effekte der Pflanzenpflege wurden sogar wissenschaftlich bewiesen. So haben Menschen, die sich um Pflanzen kümmern, eine erhöhte Lebensqualität und Gesundheit und beschreiben sich allgemein als zufrieden und fröhlich. Wenn du keine Muße hast, dir eigene Pflanzen anzuschaffen, kannst du auch einfach eine Patenschaft für eine Pflanze in deinem Büro übernehmen. Schau mal, wie es sich anfühlt, tägliche Fürsorge zu praktizieren und deine Aufmerksamkeit bewusst auf eine Sache zu lenken. Versuche, wirklich voll und ganz bei deiner Tätigkeit zu bleiben und dich nicht unterbrechen zu lassen, wenn du dich um deine Pflanze kümmerst.

>>Glück ist ein Entschluss.<<

René Descartes

Heute bist du wieder einen Schritt weiter auf deinem achtsamen Weg zu dir selbst gegangen. Um deine Praxis zu vertiefen, möchten wir dir heute eine weitere Meditation vorschlagen, die du als Alternative zu den 10 Atemzügen und zur App aus Tag 1 nutzen kannst, um bei dir anzukommen: den Body-Scan. Der Body-Scan eignet sich besonders gut am Abend, um Entspannung in alle Körperbereiche zu bringen und dich auf die Nachtruhe vorzubereiten.

Der Body-Scan

Für diese Übung mach es dir bequem. Du kannst dabei liegen oder sitzen, wie immer es für dich gerade praktisch ist.

Durchwandere deinen ganzen Körper bewusst fühlend: Beginne bei deinen Füßen und von dort wandere mit deiner Aufmerksamkeit ganz langsam immer höher. Spüre die Beine, dein Gesäß, den Bauch, deinen Rücken, die Schultern und Arme, deinen Brustraum, deinen Hals und schließlich dein Gesicht und deinen gesamten Kopf.

Wenn es für dich schwierig ist, deinen Körper einfach so zu spüren, dann nimm deine Hände zu Hilfe und streiche ganz bewusst über deine Körperkontur, wie du es vielleicht beim Eincremen machst. Erspüre die Berührung deiner Hände, die Wärme, das Streichen. Spüre deinen Körper. Mach dir bewusst: Das ist dein Körper, dein wunderbares Zuhause in deinem Leben. Er trägt dich schon dein Leben lang. Er hat mir dir schon so viel erlebt, war manchmal müde oder krank, und doch hat er immer wieder für dich durchgehalten. Er hat vielleicht das eine oder andere abgekriegt, ist schon etwas zerknautscht, und doch, er ist für dich da. Immer. Schau mit Dankbarkeit und Freundlichkeit auf deinen wunderbaren Körper.

Hier ist Platz, damit du dir auch heute wieder drei Dinge notieren kannst, für die du dankbar bist:

1. _____

2. _____

3. _____

»Die meisten laufen so sehr dem Genuss nach, dass sie an ihm vorbeilaufen.«

Søren Kierkegaard

TAG 4: GEDANKEN SIND NUR WETTER-PHÄNOMENE

An deinem vierten Meditationstag widmen wir uns unserer Gedankenaktivität, die uns ganz schön auf Trab halten kann. Wahrscheinlich hast du in den letzten Tagen während der Meditation schon einige Erfahrungen mit deinem Gedankenkarussell gemacht. Oft wird unser Geist, der wie ein kleines Äffchen hin und her springt und dauernd etwas anderes als den jetzigen Moment spannend findet, als »Monkey Mind« bezeichnet. Immer dann, wenn du dich zur Meditation hinsetzt oder dich auf etwas Wichtiges konzentrieren möchtest, schleppt dein unruhiger Geist alle möglichen Geschichten an. Das kann ganz schön nervig sein, und vielleicht hattest du auch die Hoffnung, dass mit der Meditation endlich Ruhe im Oberstübchen einkehrt. Doch stattdessen hast du wahrscheinlich eher das Gegenteil davon erlebt: Der Affe wurde immer lebhafter. Läuft da etwas falsch?

Bevor du denkst, Meditation ist nichts für dich, nur weil du es nicht schaffst, an nichts zu denken, wollen wir dich gleich beruhigen. Alles ist genauso, wie es sein soll! Denn weder geht es in der Meditation darum, völlig gedankenfrei zu werden, noch darum, gegen sie anzukämpfen. Es ist ein weit verbreiteter Irrtum, dass Meditation mit Gedankenfreiheit und Leere im Kopf assoziiert wird.

Tatsächlich geht es darum, dass du zu einem entspannteren Umgang mit deinen Gedanken findest, statt gegen sie anzukämpfen. Sieh deine Gedanken wie Trainingspartner an, die dir dabei helfen, dich besser zu konzentrieren und eine innere Haltung zu kultivieren, die dich darin unterstützt, mit deinem Leben und den alltäglichen Herausforderungen gelassener umzugehen. Ziel ist es, dass deine Gedanken wieder ihren wirklichen Job machen können: Sie sind ein wichtiges Werkzeug, um den Alltag zu bewältigen, komplexe Aufgaben zu lösen und dein Leben zu organisieren. Bei der Meditation oder beim Einschlafen brauchen wir dieses Werkzeug allerdings nicht. Bestenfalls können wir es dann einfach in die Werkzeugkiste legen und beobachten, bis wir uns aktiv entscheiden, wieder darauf zurückzugreifen. Zugegeben, es ist manchmal etwas anstrengend, auch nervig und braucht etwas Übung und Geduld, aber die ganze Anstrengung lohnt sich, denn du wirst merken, mit der Zeit geht es leichter.

Glaube nicht alles, was du denkst

Was sind eigentlich Gedanken? Hast du schon einmal darüber nachgedacht? Auf der neurologischen Ebene sind sie ein Feuerwerk an elektrischen Impulsen, die von unserem Gehirn zu Worten, Sätzen, Bildern und innerlich ablaufenden Filmen umgewandelt werden. Jeder nimmt Gedanken etwas anders wahr. Für die einen sind es hauptsächlich sprachliche Phänomene, andere haben eher Bilder oder Szenen vor ihrem geistigen Auge. Wie ist es bei dir?

Nicht alles, was wir tagtäglich denken, hat etwas mit unserer greifbaren und nachprüfbaren Realität zu tun. Vielmehr ist es eine Mischung aus wahrgenommenen Reizen aus unserer Umgebung, deren persönlicher Interpretation und Deutung sowie Erinnerungen und Zukunftsfantasien. Zusätzlich spielen wir noch etwas mit den inneren Reglern herum, erhöhen die Dramatik positiv oder negativ (finden etwas beispielsweise großartig oder schrecklich) oder dimmen alles etwas herab, sodass die Intensität schwächer wird und wir es herunterspielen, sodass es uns langweiliger oder banal erscheint. Diese Mischung bewegen wir immer weiter in unseren Gedanken. Je länger wir Zeit haben und je faszinierender wir das finden, womit wir uns gerade beschäftigen, umso stärker entfernen wir uns vom Hier und Jetzt. Nur: Das kriegen wir meist gar nicht mit und halten stattdessen unsere Geschichten für die Wirklichkeit. Da das bei jedem von uns mehr oder weniger auf diese Weise stattfindet, kannst du dir vorstellen, dass deine »Wirklichkeit« durchaus von der »Wirklichkeit« eines anderen sehr abweichen kann – auch wenn beide sich im gleichen Raum befinden, das gleiche gehört oder gesehen haben. Unsere Gedankenaktivität schafft es, aus allem etwas Neues zu machen. Von daher: Glaube nicht alles, was du denkst! Es passiert einem leicht, den Gedanken auf den Leim zu gehen. In der Meditation üben wir uns darin, unsere Gedanken weniger auf der Inhaltsebene zu betrachten, sondern Phänomene des Geistes zu beobachten.

Dem Äffchen auf der Spur

Unsere Aufmerksamkeit ist wie ein kleiner verspielter Affe, der nie gelernt hat, still zu sitzen. Er ist immer in Bewegung und liebt es, mit allem Möglichen zu spielen. Allerdings wird ihm sehr schnell langweilig, und deswegen springt er von einer Sache zur nächsten. Der Affe liebt übrigens Dramen, denn sie sind spannend und bieten aufregenden Gedankenstoff. Wenn es akut kein Drama in deinem Leben gibt, dann zerrt er auch gerne etwas aus der Mottenkiste unserer Erinnerungen.

Diesem Äffchen bringen wir in der Meditation Ruhe und Geduld bei. Das findet er nicht gleich super, aber mit der Zeit gewöhnt er sich daran, und dann wird alles viel entspannter. Gedanken haben eine spezielle Dynamik. Solange nur einzelne immer mal wieder durch den Geist ziehen und sich nicht verdichten, ist alles einfach. Doch manche dieser Gedanken haben so eine Art Klebrigkeit, und plötzlich pappen diese einzelnen für sich völlig harmlosen Gedankenimpulse zusammen und bilden eine dicke Wolke. Beispielsweise fällt dir in der Meditation ein, dass dein Auto noch Sommerreifen drauf hat und es bereits Anfang November ist. In Gedanken entspinnt sich dann spontan eine Geschichte, was alles passieren könnte, wenn du mit Sommerreifen im November-Schnee fährst. Eine katastrophale Situation reiht sich an die andere und du reagierst zunehmend gestresst. Dank deines Gehirns, das nicht zwischen Fiktion und Realität unterscheiden kann, fühlt es sich an, als wären deine Gedanken Realität und als würdest du gerade wirklich im Schnee mit Sommerreifen fahren. Dein Herz klopft, deine Muskeln sind angespannt und du hast vielleicht auch noch Angst. Du sitzt auf deinem Meditationsplatz und alles ist nur in deinem Kopf, doch es wirkt ziemlich real. Dein Kopf ist wie ein Simulator. Wenn uns das nicht klar ist, gehen wir unseren Gedanken dauernd auf den Leim.

Erkenne deine Geschichten

Im Lauf der Meditation bekommst du mehr und mehr Übung darin, deine Gedankengänge zu beobachten. Du lernst, immer wieder Abstand zu deinen Gedanken einzunehmen. Du trainierst, dich bewusst aus Gedankenketten herauszuziehen und zu deinem Atem zurückzukehren. Stell dir deinen Atem vor wie ein Surfbrett: Manchmal fällst du runter und wirst vom Strom der Gedanken mitgerissen, dann kletterst du wieder rauf, lässt die Gedanken weiterfließen und schaust ihnen nur dabei zu. Das hilft dir, dich nicht mehr so von deinen inneren Geschichten mitreißen zu lassen. Zugegeben, es ist nicht immer leicht, mit den Gedanken umzugehen – mal klappt es besser, mal so gar nicht. Das ist auch von deiner Tagesform abhängig. Versuche, liebevoll mit dir umzugehen, wenn es einmal überhaupt nicht klappen mag. Alle Gedankenphänomene, die du erfährst, sind vollkommen normal. Wenn es dir nicht gelingt, Ruhe in deinen Geist zu bringen, dann übe dich einfach nur in Akzeptanz.

Wir haben dir ein paar Ideen zusammengetragen, die uns immer wieder helfen auszusteigen, wenn es schwierig wird. Probiere sie aus und schau, womit du dich am wohlsten fühlst.

3 Tipps, wie du das Gedankenkarussell stoppst

1. Etikettiere deine Gedanken

Stell dir vor, du hättest Schubladen oder Ordner, in die du die Gedanken grob einsortierst, ohne dich mit dem Inhalt konkret zu beschäftigen. Etikettiere einfach deine aufkommenden Gedanken mit einem geistigen Post-It und definiere, was es für ein Gedanke ist. Beispielsweise planen, Drama, träumen, Vorfreude, Sorgen, Fantasie, Rezepte ... was immer es gerade bei dir ist. Du steigst nicht in die Story ein, sondern etikettierst und kehrst direkt zurück zum Atem.

2. Stoppe deine Gedanken

Sobald du merkst, dass die Grübelkette anfängt, stell dir vor deinem geistigen Auge eine rote Ampel oder ein Stopp-Schild vor! Mach das immer und immer wieder, sobald deine Gedanken wieder anfangen zu laufen. Mit der Zeit reduziert sich dadurch die geistige Gewohnheit des Grübelns, und wahrscheinlich merkst du, dass du weniger in Gedanken gefangen bist.

3. Schreibe deine Gedanken auf

Wann immer in der Meditation besonders wichtige oder kreative Gedanken auftauchen, ist die Verlockung groß, sie weiterzuverfolgen. Schreibe diese Gedanken dann einfach kurz auf. Auch wenn du merkst, dass du dich in Grübeleien festfährst, schreibe deine Gedanken komplett auf. Danach siehst du nicht nur klarer, sondern du brauchst sie nicht mehr dauernd im Kopf zu bewegen. Und erkennst schneller, wenn du Gedanken schon mal gedacht hast, weil sie jetzt auf deinem Zettel stehen.

Gedanken sind wie das Wetter

So wie das Wetter sich ständig ändert, so wandelt sich auch unsere gedankliche Aktivität dauernd. Und so wie du das Wetter am Himmel betrachten kannst, ist es auch möglich, deine geistigen Phänomene wie Gedanken und Emotionen zu beobachten: Es gibt klares Wetter, genauso wie auch unser Geist frisch und klar sein kann. Dann gibt es leicht bewölktes Wetter, wo gelegentliche Gedanken durch unseren Geist ziehen, doch grundsätzlich alles freudvoll und hoch gestimmt ist. Jedoch kann es auch sein, dass Wolkenschleier beginnen, den klaren Himmel einzutrüben, sich unsere Laune verändert. Der Luftdruck verändert sich auch in unserem Erleben. Ein Gewitter bahnt sich an. Die Luft wird dicker, und auch wir fühlen uns gereizt. Auch wenn sich das Gewitter entlädt, kann es sich ziemlich beängstigend intensiv anfühlen – wie auch in unserem emotionalen Leben. Danach verziehen sich die Wolken wieder und der Himmel erscheint wieder klar und wolkenlos.

Genauso läuft auch unser geistiges Wetter ab. Wir sind mal klar und konzentriert, hoch gestimmt, dann wieder eingetrübt. Die Situation verändert sich, unser »Wetter« kippt, doch auch das zieht alles wieder weiter, wenn wir lernen, all diese Wetterphänomene unseres Geistes als das zu erkennen, was sie sind: vergänglich und nicht starr. Sie sind in permanenter Wandlung begriffen und wirken nur für einen kurzen Moment sehr real. Doch genauso wie Wolken haben auch unsere Gedanken keinerlei Substanz, selbst wenn sie unseren Geist und unser Erleben stark eintrüben und uns bisweilen ziemlich Angst machen können. Die Kunst ist es, diese Wetterphänomene nur zu betrachten, ihnen kein Futter zu liefern und sie vorüberziehen zu lassen. Dann richten sie weitaus weniger Schaden an, und unser Leben verläuft wesentlich leichter. Du hast wahrscheinlich schon erlebt, was passiert, wenn du deinem »Gedanken-Wetter« sehr stark gefolgt bist und es für real gehalten hast.

Unsere geistige Aktivität unterliegt einer Reihe von Einflüssen, die wir nur begrenzt steuern können. So bewirken besonders auch hormonelle Einflüsse eine negative Verstärkung, die – sobald sich die Hormone wieder ausgeglichen haben – wieder verschwunden ist. Auch Stresshormone bewirken eine starke Negativ-Einfärbung unserer Gedanken. Stresshormone sind regelrechte Denkverzerrer, und es ist wichtig, das zu berücksichtigen und darauf zu achten, wichtige, lebensverändernde Entscheidungen nie in einer akuten Stresssituation zu fällen, sondern zunächst abzuwarten, bis wir uns wieder beruhigt haben – dann sieht die Welt nämlich meist wieder wesentlich freundlicher aus. Mit der folgenden Übung lernst du, deine Gedankenwolken zu beobachten. Probiere sie einfach aus. Am schönsten ist sie, wenn du am Fenster oder draußen mit einem weiten Blick in den Himmel üben kannst.

Achtsamkeitsübung: Gedanken wie Wolken ziehen lassen

Du merkst, dass sich gerade Gedankenwolken in deinem Geist verdichten? Dass sie dir deine Klarheit und den Durchblick nehmen? Und sie ziehen noch mehr Katastrophengedanken hinter sich her? Dann stelle dir einen großen, weiten Raum vor. Wann immer du das Gefühl hast, dass du dich in Gedankenschleifen verfangen hast, kannst du dir deinen Geist so weit wie den Himmel vorstellen. Nimm dir ruhig eine Erinnerung aus deinem Urlaub zu Hilfe, als du einen ganz weiten Blick übers Meer hattest mit dem endlosen Horizont. Oder als du von einem Berggipfel in den weiten Himmel geschaut hast. Es ist ganz normal, dass am Himmel Wolken auftauchen. Doch der Himmel bleibt dahinter trotzdem blau und weit. So wie die Wolken über den Himmel ziehen, sich mal verdichten und wieder auflösen, so verdichten und lösen sich auch unsere Gedankenwolken auf. Sie kommen und gehen, fließen dahin, mal langsamer, mal schneller – je nach Wetter. Unser Geist produziert immer neue Gedankenwolken, kleine und große, dichte und leichte. Das ist seine kreative Natur. Das ist ganz normal. Schaue diesem Spiel zu, ohne es allzu ernst zu nehmen. Genauso wie das Wetter. Wir brauchen nur abzuwarten, müssen nicht eingreifen, nicht dagegen kämpfen. Lass die Gedankenwolken in Ruhe, doch nähre sie auch nicht. Wenn du merkst, dass du dich zu stark auf eine Wolke konzentrierst, schau in das Blau des Himmels, in den Zwischenraum, der hervorblitzt, zwischen zwei Wolken. Entspann dich in die blaue Lücke hinein.

Heute kannst du wie gewohnt die Atemübung aus Tag 1 wiederholen, den Body-Scan üben oder einfach eine angeleitete Meditation mit 7Mind abspielen.

Wofür bist du heute dankbar? Notiere gleich drei gute Dinge, die dir spontan in den Sinn kommen:

1. _____

2. _____

3. _____

»Suche deine eigene
Weisheit in dir selbst.«

Padmasambhava

**TAG 5:
ABKÜRZUNG
ZUR INNEREN
MITTE**

Heute widmen wir uns unserem Gleichgewicht. Dabei geht es einerseits um die Balance unseres Körpers und andererseits schauen wir uns an, wie wir emotional und geistig in unserer Mitte bleiben.

Manchmal zerrt der Alltag ganz schön an uns. Der eine möchte dieses, der andere möchte jenes von uns und wir hängen irgendwie dazwischen und versuchen, es allen recht zu machen. Vielleicht war die Nacht auch kürzer als geplant, und wenn dann noch eine E-Mail mit schlechten Nachrichten im Postfach landet, kann unser inneres Gleichgewicht ziemlich in Schieflage geraten. Plötzlich kippt die Laune, und auch unser Körper ist etwas wackeliger als sonst. Mit Achtsamkeit kannst du lernen, langfristig in Balance zu bleiben und auch dich leichter ins Gleichgewicht zurückzuholen, wenn dich doch etwas umgeschubst hat. Alles beginnt damit, dass du merkst, was gerade bei dir los ist. Bist du im Gleichgewicht, dann bist du wahrscheinlich entspannt, fühlst dich wohl, bist konzentriert und gesammelt und reagierst gelassen auf die Dinge deines Tages. Woran kannst du erkennen, dass du gerade nicht im Gleichgewicht bist? Dann stehst du wahrscheinlich wackeliger auf deinen Füßen, stolperst vielleicht mehr oder es passiert dir schon mal das eine oder andere kleine Missgeschick. Du läufst mit dem Ellenbogen gegen den Türrahmen, greifst daneben und dir fällt daraufhin etwas aus der Hand. Auch die Laune kippt. Du bist dann sicherlich auch empfindlicher, gar gestresster, ängstlicher oder ärgerlicher als sonst.

Es ist ganz normal, dass das zwischendurch passiert. Niemand kann immer gleich gut drauf und stabil sein. Die Achtsamkeit hilft dir, auch hier Ruhe zu bewahren und dich wieder zu zentrieren. Körper und Geist beeinflussen sich gegenseitig. Von daher ist es ganz gleich, auf welcher Ebene wir zuerst aktiv werden. Alles, was wir für unsere Zentrierung tun, sei es körperlich oder geistig, wirkt sich automatisch auch auf beide Bereiche aus. Regelmäßige Meditation stärkt deine Fähigkeit, gelassen und in deiner Mitte zu bleiben, sogar in schwierigen Situationen. Zwar ist dafür etwas Training nötig, doch geübte Meditierende schaffen es, auch in kritischen Situationen zentriert und besonnen zu bleiben. Es ist sogar so, dass viele Situationen, die ursprünglich als aggressiv und stressig erlebt wurden, im Lauf des Meditationstrainings viel weniger bedrohlich erscheinen.

Ich fühle, was du fühlst

Wahrscheinlich hast du schon beobachten können, wie die Laune einer einzelnen Person auch die Laune anderer Menschen im gleichen Raum beeinflussen kann. Wenn jemand gestresst ist, werden wir oft auch ganz wuschig, besonders wenn wir selbst gerade nicht ganz ausgeglichen sind. Umgekehrt geht das aber auch, denn wenn wir innerlich vollkommen ruhig und entspannt sind, beruhigt sich oft auch das Gegenüber. Du profitierst also nicht allein von deinem Achtsamkeitstraining, sondern auch dein soziales Umfeld. Achtsamkeit kann zu wesentlich entspannteren und zu nährenden Beziehungen beitragen, sei es privat mit deinen Lieben oder auch im beruflichen Umfeld. Es macht zugänglicher, gleicht aus, beruhigt alle Beteiligten und schafft eine freundliche, wertschätzende und konstruktive Basis für alles, was wir miteinander angehen wollen.

Je regelmäßiger du dich in Meditation übst, umso leichter wirst du darauf zurückgreifen können. Mit der Zeit wird es dir so sehr in Fleisch und Blut übergehen, dass du ausgleichend auf dich und andere wirkst.

Doch warum kippt unsere Laune überhaupt?

Vielleicht kennst du den berühmten Montagsblues? Obwohl das Wochenende herrlich war, du richtig viel Spaß hattest und auch das Wetter mitgespielt hat, bleibt am Montagmorgen nicht viel davon übrig: Statt mit einem satten, wundervollen, glücklichen Gefühl in die Woche zu starten, bist du schon morgens genervt und wärst am liebsten im Bett geblieben. Du hast überhaupt keine Lust. Nur dein Pflichtgefühl ist es, was dich antreibt. Wo ist das schöne, sonnige Gefühl von gestern geblieben? Ganz einfach: Es ist deiner Abneigung gegenüber dem Montag zum Opfer gefallen. Genau genommen hat der Montag an sich ziemlich wenig damit zu tun. Denn der Montag ist nur ein weiterer Tag der Woche. Vielmehr sind es unsere eigenen Vorlieben und Abneigungen, aus denen vor allem Erwartungen entspringen, die über Freude oder Stress-Empfindungen entscheiden.

Zuneigung und Abneigung auf der Spur

In der Achtsamkeit üben wir uns ganz bewusst darin, allen Geschehnissen unseres Lebens so wertneutral wie möglich zu begegnen. Denn sobald wir etwas toll finden, wollen wir es haben und konservieren. Wenn wir etwas blöd finden, dann versuchen wir, uns das möglichst vom Leib zu halten – entweder indem wir es bekämpfen oder indem wir möglichst das Weite suchen. Wenn wir etwas großartig finden, dann haben wir lauter positive Fantasien dazu, wie es uns helfen kann oder was wir Tolles erleben werden. Wir verknüpfen damit Hoffnungen und Wünsche. Wenn wir etwas nicht so klasse finden, dann stellen wir uns vor, wie etwas schiefgehen könnte, wie es uns langweilt und wo es uns behindert oder gar schaden könnte. Und das erzeugt in uns stressige Empfindungen wie Furcht oder Sorge oder eben auch direkte Ablehnung, die sich in Ärger oder Wut äußert.

Wenn wir etwas schön finden und die Situation verändert sich, dann gefällt uns das in der Regel nicht. Wenn ein wunderschönes Wochenende vorbei ist und wir mit dem Montag für uns nichts Angenehmes verbinden, dann hat der Montag schon bei uns verloren, bevor er auch nur begonnen hat – und wir gleich mit. Dann kippen wir von Freude ins Genervtsein. Die Diskrepanz zwischen unserem Wunsch und der Wirklichkeit scheint riesig, und das frustriert noch zusätzlich.

Achtsamkeit kann helfen, aus diesem Spiel von Habenwollen und Ablehnung auszusteigen und in den sogenannten Gleichmut zu kommen. Gleichmut – auch so ein herrlich altes Wort – bedeutet, ganz gleich, was gerade los ist, gefühlsmäßig in der Mitte zu bleiben und sich nicht immer so mitreißen zu lassen. Natürlich, sollte es eine wirklich unhaltbare Situation geben, die du verändern musst, dann werde aktiv. Doch wenn es sich lediglich um allgemeines Genervtsein handelt, dann kann allein eine achtsame Haltung schon viel bewirken.

Zu Anfang kann es sehr helfen, das, was passiert, so offen wie möglich nur zu beobachten – ohne es zu bewerten und daran kleben zu bleiben. Der Montag ist da, es ist nur ein weiterer Tag der Woche. Du weißt noch nicht wirklich, was kommt, und alles, was du dir ausmalst, sind nur Gedanken. Registriere deine Gedanken und kehre zurück zum Atem oder zu dem, was du gerade tust – Kaffee kochen, dein Kind in die Schule bringen, eine E-Mail schreiben ... Bleib im Moment.

Eile nicht in die Zukunft und hänge nicht der Vergangenheit nach. Sei wach im gegenwärtigen Moment. Hier passiert dein Leben!

Mit Offenheit und Wertfreiheit bleiben wir in der neutralen Beobachterposition. Erst wenn wir Wertungen wie »das ist gut, das ist schlecht« und den damit verbundenen reflexartigen Impulsen von Anziehung und Ablehnung folgen, kippen wir aus der Balance. Wenn du im Alltag merkst, dass etwas deine Aufmerksamkeit erregt, dann kannst du dich daran erinnern, deine Bewertungsbrille abzunehmen und aus der neutralen Position auf die reinen Fakten des Geschehens zu schauen: Was siehst du? Was passiert da? Ohne Meinung und ohne persönliche Interpretation. Schaue zu und tue nur das, was getan werden muss. Wenn du dich darin immer wieder übst, wirst du auch im Alltag immer leichter im Gleichgewicht bleiben. Und wenn du doch einmal kippst, dann ist das kein Drama mehr. Denn du weißt, dass die neutrale Position ganz schnell dein Gleichgewicht wiederherstellt.

Darf ich mich jetzt nicht mehr freuen?

Keine Sorge. Es geht nur darum, dieses Aufflackern von Habenwollen und Ablehnung und alle damit verbundenen Gefühlsregungen nicht so ernst zu nehmen. Natürlich darfst du dich freuen, genauso wie du traurig oder ärgerlich sein darfst. Das ist doch völlig normal. Es geht nur darum, daran nicht mehr so festzuhängen. Es geht darum, alles zu leben. Den Sonntag und den Montag und alle anderen Tage gleichermaßen, mit allem, was sie für uns bereithalten. Das ist unser Leben. Wir können nicht alles Schöne festhalten, selbst wenn wir uns noch so sehr anstrengen. Wenn wir uns darin üben, immer wieder mit dem Jetzt Kontakt aufzunehmen, lernen wir, die Dinge in ihrer natürlichen Vergänglichkeit wertzuschätzen, aber ohne ein Drama draus zu machen, wenn sich Situationen wandeln. Niemand kann immer glücklich sein. Genauso wie niemand für immer traurig sein wird. Das Leben ist ein Fluss, und du stehst mittendrin. Dir den Druck zu nehmen, immer gut drauf sein zu müssen, ist doch auch eine schöne Entlastung, oder?

Wenn Hektik die Balance killt

Manchmal holt uns aber auch schlicht und ergreifend die Beschleunigung aus unserer Mitte. Wir fühlen uns gehetzt und die Zeit läuft uns davon. Und plötzlich kippen wir. Es wird alles einfach zu viel. Achtsamkeit hilft, und zwar einfach indem wir lernen, uns wieder Zeit zu nehmen, ungefüllte Zeitabschnitte auszuhalten und den gegenwärtigen Moment bewusst zu genießen.

3 Tipps, um in deiner Mitte anzukommen

1. Zelebriere die Langsamkeit

Komm heraus aus der Schnelligkeit und werde zum Flaneur! Flanieren ist aus der Mode gekommen, dabei ist es ein wunderbarer Weg, um sich in seiner Umgebung zu verlieren und Neues zu entdecken. Sei es in einem Park, der Innenstadt oder in der freien Natur, ganz gleich. Schlendere. Wie erlebst du dabei deine Umgebung? Wenn du Zeit hast, dann entscheide dich bewusst, einen Umweg zu gehen. Vielleicht entdeckst du eine neue Straße, ein neues Café oder begegnest neuen Menschen. Flaniere vor dich hin, ohne ein bestimmtes Ziel.

2. Bringe Anspannung und Entspannung in Balance

Nimm dir einige Minuten Zeit, um zu überlegen, welche Aktivitäten dir im Alltag Kraft schenken und welche dir Energie rauben. Zur Verdeutlichung kannst du deine Tätigkeiten auch in einer Tabelle gegenüberstellen. Herrscht eine Balance zwischen Dingen, die dir guttun und Dingen, die an dir zehren? Überlege in einem zweiten Schritt, wie du bewusst einen Ausgleich schaffen kannst. Wenn du beispielsweise einen langen Arbeitsweg hast, kannst du diese Zeit gezielt für dich nutzen: einfach um zu träumen, zu meditieren, einen Podcast zu hören oder Tagebuch zu führen.

3. Setze Grenzen

Übe dich auch im Nein-Sagen. Nein zu sagen ist eine Kunst und fällt nicht immer leicht, vor allem wenn wir andere Menschen mit unserem Nein enttäuschen müssen. Trotzdem ist es wichtig, dass du die Grenzen deiner Belastbarkeit wahrnimmst und ehrlich aussprichst, wenn du einen Abend für dich brauchst oder die Mittagspause allein verbringen möchtest. Auch wenn das bedeutet, dass du mal ein Treffen oder Telefonat verschieben musst. Deine innere Balance ist es wert.

Jeder Mensch fühlt sich mal unsicher und aus der Balance. Doch Körper und Geist lassen sich durch die Kraft der Gedanken ganz leicht wieder ins Gleichgewicht bringen. Wenn du dich im Alltag unruhig fühlst und keine Zeit hast, um direkt Abhilfe zu schaffen, kannst du die folgende Übung nutzen, um dich wieder in deiner Mitte einzupendeln.

Achtsamkeitsübung: Erdung finden

Für diese Übung kannst du gut Wartezeiten nutzen. Wann immer du auf den Bus, die Bahn oder eine Verabredung wartest, kannst du im Hier und Jetzt deine Balance finden. Stell dich dazu aufrecht hin und verteile dein Gewicht bewusst auf beide Füße. Spüre, wie sich deine Füße fest in den Boden drücken. Du kannst dir sogar bildlich vorstellen, wie Wurzeln aus deinen Fußsohlen bis tief in die Erde wachsen. Pendle ganz langsam von links nach rechts. Nimm wahr, wie deine Wurzeln dich in der Mitte halten. Du bist mit dem Boden verankert, fest wie ein Baum mit der Erde. Falls du kurz die Augen schließen möchtest, kannst du wahrnehmen, wie du jetzt vollkommen stabil, zentriert und sicher stehst, wie ein gut verwurzelter, kräftiger Baum. Hier und jetzt, ganz in deiner Balance.

Schon allein diese Vorstellung löst in deinem Körper einen inneren Gleichgewichtsprozess aus. Vielleicht hast du schon vom »Mentaltraining« gehört, das im Leistungssport angewendet wird. Darin stellen sich Sportler vor, wie sie komplexe Bewegungen durchführen. Allerdings stellen sie es sich nicht einfach nur bildlich vor, sondern versetzen sich auch gefühlt in die Bewegung hinein. Sie erträumen sozusagen ihre Bewegung. Dies lässt sie jeden einzelnen Abschnitt der Bewegung schon im Voraus erleben. Das führt dazu, dass das Gehirn beginnt, die dazu nötigen Verschaltungen auszubilden oder zu verstärken. Und genau diese Technik machen wir uns auch in der Balance-Übung zunutze. Wie du schon gelesen hast, kann unser Gehirn nicht zwischen realen und vorgestellten Erlebnissen unterscheiden. Und so werden die gleichen Nervenimpulse und Botenstoffe freigesetzt, als würdest du gerade tatsächlich auf einem Bein balancieren. Es löst sofort Ausgleichsreaktionen in deinem Körper aus, sodass du allein durch deine Vorstellungskraft deine Balance – innerlich wie äußerlich – stärkst.

Probiere das zwischendurch einfach mal kurz aus. Insbesondere, wenn du einen »kippeligen« Tag hast und dich nicht ganz stabil fühlst. Beobachte, wie sich dein Tag und deine Stabilität durch diese Übung verändern. Und da regelmäßige Meditation sehr hilfreich ist, um Kontakt zu deiner inneren Mitte herzustellen, möchten wir dich jetzt wieder zu deiner heutigen Meditation einladen! Dazu hast du auch heute wieder drei Möglichkeiten. Vielleicht möchtest du noch einmal die Atemübung von Tag 1 wiederholen, einen Body Scan machen oder die 5. Grundlagenmeditation aus der 7Mind App absolvieren. Was es auch ist, höre auf dich und tue genau das, was dir heute gut tut.

Vielleicht fallen dir nach der Meditation gleich drei Dinge ein, für die du Dankbarkeit empfindest. Schreibe sie dir hier auf:

1. _____

2. _____

3. _____

**»Der ideale Tag ist heute,
wenn wir ihn dazu machen.«**

Horaz

TAG 6:
MIT SELBST-
MITGEFÜHL
ZU INNEREM
WOHL-
BEFINDEN

An deinem sechsten Meditationstag wird es darum gehen, wie wir uns mit Selbstmitgefühl und Dankbarkeit begegnen können.

Kennst du dieses Gefühl, dich im täglichen Trott gefangen zu fühlen und irgendwie nicht mehr im Kontakt mit dem Leben zu sein? Du hetzt von einer Aufgabe zur nächsten, immer gibt es noch irgendetwas zu tun – und nie scheint es genug zu sein. Wenn der letzte Punkt auf der To-do-Liste nicht erledigt wird oder du es einfach nicht geschafft hast, deine Fitness-Routine einzuhalten, machst du dir vielleicht noch zusätzliche Schuldgefühle. Dabei wäre ein liebevoller Umgang mit deinen Ressourcen viel eher angesagt, als noch mal mit der Keule draufzuhauen.

Oft sind wir so sehr mit unseren Alltagssorgen beschäftigt, dass wir unsere größte Kraftquelle aus den Augen verlieren: Das eigene Wohlbefinden! Wohlbefinden wächst in den kleinsten Momenten. Mit dem Sonnenaufgang, dem ersten Grün, dem ersten Schluck Kaffee am Morgen, dem Duft deines Duschgels und dem Lachen deines Kindes. Auch wenn es momentan noch hinter den Alltagssorgen verschwindet, deine Kraftquelle kannst du jederzeit nähren und anzapfen. Die Frage ist nur: Wie kommst du da wieder dran? Achtsamkeit bedeutet, dem, was ist, wieder Aufmerksamkeit zu schenken. Natürlich müssen wir hin und wieder auch einen Plan machen, was wann und wie zu erledigen ist. Unsere täglichen Aufgaben brauchen unsere Aufmerksamkeit, und der Abwasch macht sich auch nicht von selbst. Wir haben nicht immer die Wahl. Doch wie wir das tun und worauf wir dabei unsere Aufmerksamkeit richten, das können wir entscheiden. Entscheide dich, und dann verbinde dich mit deiner Kraftquelle. Höre, rieche, schmecke, betrachte. Mehr braucht es nicht. Es sind oft nur Sekunden, die wir dafür brauchen. Sekunden, die uns das Leben schenkt.

Genieße dein Jetzt

Wie wäre es, wenn du gleich jetzt für einen kurzen Moment ganz bewusst die Wolken am Himmel anschaust, bewusst den Baum vor deinem Fenster betrachtest und den Duft deiner frisch gewaschenen Wäsche genießt? In diesen kurzen Momenten nimmst du wieder bewusst Teil am Leben und all seinen Eindrücken. Das Tor zum Leben ist deine Aufmerksamkeit.

Anfängergeist – Meditation in Aktion

Du fühlst dich gefangen in deinem Alltag, in den täglichen Routinen, die zu erledigen sind? Dann wird es Zeit: Steige aus deinem Trott aus. Unterbrich die Routine, nicht unbedingt dadurch, dass du etwas Neues machst, sondern indem du es auf eine bewusste Weise machst. Oder auch einfach nur, indem du bewusst nichts tust.

Der Anfängergeist ist eine ganz besondere Haltung, die wir in der Achtsamkeit einnehmen können. Der Anfängergeist verbindet uns mit der absoluten unmittelbaren Frische des gegenwärtigen Moments mit all seinen Facetten. Wie riecht die Wäsche? Was löst der Geruch in dir aus, was passiert da bei dir? Der Moment, in dem du bewusst wahrnimmst, ist ein zutiefst lebendiger Moment. Und jeder Moment kann voller Leben für dich sein. Wenn wir unsere Sinne wieder einschalten, wach machen und gebrauchen, gehen wir eine Beziehung ein mit allem, was gerade in diesem Moment in unserem Leben geschieht – eine Beziehung mit unserem Leben. Ganz unmittelbar. In diesem Moment bricht die Distanz weg und du wirst hineingesogen in den frischen neuen Moment. Lässt du das zu? Versuch es mal. Was immer für dich attraktiv und zugänglich ist, nutze es. Nimm dir eine Frucht aus deinem Obstkorb und iss sie, mit all deinen Sinnen. Höre, rieche, taste und schmecke sie. Erforsche und durchdringe sie. Erlebe sie. Mach die Frucht zu deinem Meditationsobjekt. Sie ist wie der Atem nun dein Achtsamkeitsfokus. Schmecke bewusst, rieche bewusst, taste bewusst, höre bewusst. Sei voll da. Und wenn du abgelenkt wirst, so what! Nicht schlimm. Die Frucht ist da, du bist da. Mach weiter.

Und wie wäre es, wenn du heute etwas wählst, das du gerne einmal wieder aktiv und bewusst genießen möchtest? Was gibt es, was du sowieso jeden Tag in deinem Leben hast, dem du aber aufgrund der eingeschliffenen Routine keine Aufmerksamkeit mehr schenkst? Vielleicht dein Nachmittagskaffee oder die Dusche nach dem Sport. Tu dir selbst etwas Gutes, indem du dir selbst und deinem Tun Aufmerksamkeit schenkst.

Gehe liebevoll mit dir um

Gerade diese Aufmerksamkeit für uns selbst und das, was wir tun, geht häufig verloren. Alles hat unsere Aufmerksamkeit: unsere Kinder, der Partner, die Arbeit, Freunde, Eltern. Jeder braucht sie und fordert sie ein. Jetzt bist du wieder dran, und das ist kein Egoismus, sondern ein zentraler Aspekt von Achtsamkeit: Mitgefühl mit dir selbst! Es bedeutet, dir selbst wieder zu begegnen, ein Date mit dir selbst zu haben und dich langsam wieder in dein eigenes Leben zu lassen. Regelmäßig zu meditieren kann zum Beispiel so ein Date mit dir sein. Deine Verabredung mit dir selbst, in der du nur mal für dich da bist und einfach so sein kannst, wie du gerade bist und dich gerade fühlst.

Mitgefühl bedeutet, zu erspüren, was dir gut tut, was dir hilft, dich inmitten des alltäglichen Chaos zu beruhigen, Kraft zu schöpfen und mit dir freundlich umzugehen. Es beginnt schon damit, dass du darauf achtest, auf welche Weise du mit dir innerlich sprichst. Welche Worte wählst du? Und manchmal kann es da ganz schön ruppig zugehen, oder? Vielleicht nörgelst du an dir herum oder bist mit deiner Figur unzufrieden. Vielleicht bist du aber auch einfach nur müde und erschöpft, und statt deine Belastungsgrenze wahrzunehmen, hastest du weiter durch den Tag. Wen wundert es, dass die Laune in den Keller sinkt und du das Gefühl bekommst, all dem nicht mehr gewachsen zu sein? Vergleiche mit anderen geben dir noch den Rest. Alle scheinen immer alles zu können, und das auch noch spielend leicht. Da sind die immer fröhlichen und durchorganisierten Mütter in der Kita oder die gut gelaunten Väter, die Karriere machen und es trotzdem schaffen, am Abend für die ganze Familie zu kochen. Wie schaffen die das?

Doch der Schein trügt. Du kannst dich entspannen. Es gibt kaum jemanden, der wirklich alles im Griff hat oder dauernd glücklich ist. Doch die meisten zeigen das nicht nach außen und haben eine Fassade aufgebaut, die auch auf Instagram und Co. etwas hermacht. Dahinter sieht es oft anders aus.

>>Das Vergleichen
ist das Ende des Glücks
und der Anfang der Unzufriedenheit.<<

Søren Kierkegaard

Du darfst dich mal entspannt zurücklehnen: Dass die Models in den Zeitschriften mittels Photoshop bearbeitet sind, wissen wir schon länger. Aber auch die angeblichen Super-Mütter fühlen sich oft genauso gestresst wie du, und die Super-Väter wünschen sich klammheimlich eine eigene Wohnung als Rückzugsort, wo sie zwischendurch ganz entspannt sie selbst sein dürfen.

Wir sind alle nur Menschen. Der Rest sind Vorstellungen, dass wir alle perfekt sein sollen. Selbstmitgefühl oder auch einen sanfteren, wertschätzend-liebevollen Umgang mit dir zu entwickeln hilft enorm, diesem Druck standzuhalten und einfach dein Ding zu machen. Mach dich frei von Äußerlichkeiten. Gesundheit und Wohlbefinden haben einen viel größeren Einfluss auf deine Ausstrahlung, denn sie sind ein Zeichen dafür, dass du dein Leben genießt und Freude hast. Wir alle haben ab und zu Körperbereiche, an denen wir herummeckern.

Versuche, dich eher daran zu orientieren, ob es dir gut geht. Wie hast du dich gefühlt, bevor du durch die Zeitschrift geblättert oder durch Instagram geklickt hast? Du hast dich völlig in Ordnung gefühlt. Und selbst wenn du wirklich etwas an deinen Gewohnheiten oder deiner äußeren Erscheinung ändern möchtest, weil es für dich gesünder wäre, dann solltest du es niemals aus Ärger und Ablehnung tun, sondern weil du dich magst und dir helfen möchtest, dich wohler zu fühlen.

Das ist ein ganz anderer Ansatz. Hass und Ablehnung führen zu noch mehr Stress in deinem Körper. Von daher, geh es locker an und vergiss nicht, dass du jetzt schon gut genug bist. So, wie du bist.

Dankbarkeit

Dankbarkeit ist eines der schönsten Gefühle, denn es ist mit der Liebe verwandt, doch wir empfinden sie viel seltener. Oft jagen wir mit Autopilot durch unseren Alltag und gehen wie selbstverständlich davon aus, dass unser Körper einfach mitmacht. Aber plötzlich kommen wir an einen Punkt, an dem uns alles zu viel wird. Der Rücken tut weh, eine Erkältung ist im Anmarsch oder wir fühlen uns einfach nur schlapp. Dann ärgern wir uns über unsere Schwäche, statt dankbar dafür zu sein, dass wir sonst ziemlich gut durchhalten. Doch auch wenn wir gesund sind, gibt es immer noch irgendetwas, das uns an unserem Körper nicht gefällt.

Dabei ist uns gar nicht klar, wie wundervoll unser Körper ist und was für ein Geschenk. Er versorgt uns Tag und Nacht ohne Pause, Urlaub oder Wochenende mit lebensnotwendigem Sauerstoff, transportiert Nährstoffe in unsere Zellen, repariert und regeneriert sie. Er macht dies einfach ohne unser Zutun, selbst nachts, wenn wir schlafen. Dieser wunderbare Körper ermöglicht dir, all deinen vielfältigen Aufgaben nachzugehen, dein Leben zu leben und es wirklich zu erleben. Höchste Zeit, ihm dankbar zu sein und ihm das auch zu zeigen!

Auch wenn es dir vielleicht gar nicht so bewusst war, hast du in den letzten Tagen schon täglich Dankbarkeit praktiziert. Blättere das Buch noch mal durch und lies dir vor, wofür du diese Woche schon alles dankbar warst. Ein schönes Gefühl, oder? Selbst wenn es täglich nur die kleinsten Dinge waren, die dir eingefallen sind, haben sie in deinem Gehirn wichtige Prozesse in Gang gesetzt, die dir in Zukunft dabei helfen können, negative Dinge nicht so schwer zu nehmen. Da unser Gehirn sich eher für negative Nachrichten interessiert (um uns zukünftig davor zu schützen), verlieren wir oft die Dinge aus den Augen, die in unserem Leben gerade wirklich gut laufen oder einfach unauffällig funktionieren. Ganz ehrlich: Zum Glück besteht unser Leben vor allem daraus, dass alles funktioniert, und nur zu einem kleinen Teil aus dem, was gerade nicht nach unseren Vorstellungen funktioniert – auch wenn wir es oft anders wahrnehmen.

Tagtäglich gibt es so vieles, wofür wir wirklich dankbar sein können. Sich dessen mehr und mehr bewusst zu werden, lässt unsere kritische Brille schwinden, und unsere Welt wird wieder lebenswert. Auch unser Körper, der ein wahres Wunderwerk ist, bekommt von uns wieder mehr freundliche Aufmerksamkeit. Die Aufmerksamkeit, die er auch wirklich für seine unglaubliche, treue Leistung verdient hat.

Dafür braucht dein Leben nicht erst perfekt zu sein: Es reicht, dass du deine Aufmerksamkeit schärfst für alles, was neben dem vermeintlichen – oder auch tatsächlichen – Chaos besteht. Auch wenn es dir mal schwerfällt, etwas zu finden, mit der Zeit wird es leichter. Die folgenden Übungen können dir dabei helfen.

3 Tipps, wie du Dankbarkeit im Alltag praktizieren kannst

1. Zähle Bohnen

Klingt witzig, ist aber unglaublich effektiv: Stecke dir am Morgen eine Handvoll Bohnen in die linke Hosentasche. Wann immer du am Tag bemerkst, dass dich etwas freut oder etwas funktioniert hat, nimm eine Bohne aus der linken Hosentasche und stecke sie in die rechte. Am Abend leere deine Taschen und schau nach, wie viele Dinge funktioniert haben. Lasse jedes Einzelne noch mal vor deinem geistigen Auge Revue passieren.

2. Verteile Nettigkeiten

Oft laufen wir im Autopiloten durch unser Leben und haben einen Tunnelblick für all die Dinge, die wir noch erledigen müssen. Vielleicht ist dir schon mal der Begriff des »Random Act of Kindness« begegnet. Dabei geht es einfach darum, zufällig und unerwartet Nettigkeiten zu verteilen. Egal ob du dem Taxifahrer sagst, dass du dich in seinem Auto besonders wohl gefühlt hast oder einer Servicekraft spontan dabei hilfst, am Anfang oder am Ende des Tages die Stühle rein-, bzw. rauszutragen. Verteile spontan Nettigkeiten und kleine Gefallen an Menschen aus deinem Umfeld. Du wirst sehen, dass sich dadurch auch deine Laune automatisch hebt.

3. Schreibe einen Dankbarkeitsbrief

Vielleicht gehörst du zu den Menschen, denen es schwerfällt, Dankbarkeit in Worte zu fassen. Aus Angst, etwas Falsches oder Komisches zu sagen, halten wir uns oft zurück. Versuche doch einmal, deine Gedanken in einem Brief festzuhalten. Gibt es jemandem in deinem Leben, dem du schon lange deine Dankbarkeit und Wertschätzung aussprechen wolltest? Jeder freut sich über ein paar handgeschriebene Zeilen. Also nimm dir die Zeit und pack deine Gefühle in einen Dankbarkeits-Brief. Du wirst merken, dass es auch in dir kleine Glücksgefühle auslösen wird, an einen lieben Menschen zu denken.

Achtsamkeitsübung: No-Complain-Challenge

Natürlich, es gibt Situationen und Menschen, die machen uns das Leben ganz schön schwer. Es ist nur allzu verständlich, wenn wir unserem Frust auch mal Luft machen müssen und nicht jeden Tag immer nur dankbar sein können. Doch unser Gehirn gewöhnt sich schneller an Beschwerden, als wir denken. Vielleicht ertappst du dich selbst immer öfter dabei, wie du ganz automatisch Dinge negativ bewertest, kleine Fehler suchst und einen perfektionistischen Anspruch an dich und deine Umwelt richtest. Du willst da wieder raus? Dann haben wir eine Idee:

Die 21-Tage No-Complain-Challenge

Versuche ganz bewusst, für 21 Tage darauf zu verzichten, zu jammern oder zu schimpfen und stattdessen hervorzuheben, was gerade gut läuft, was dir gefällt, und deinen Fokus auf Chancen und Möglichkeiten zu richten. Es geht nicht darum, das auszublenden, was gerade nicht rund läuft, sondern den Blick zu verändern, vom Mangel hin zu dem, was trotzdem gut ist und wo unsere (manchmal versteckten) Möglichkeiten in der Situation liegen. Das hilft, einen konstruktiven Umgang damit zu finden und dich trotz Schwierigkeiten und Herausforderungen weniger hilflos zu fühlen und stattdessen freudiger und aktiver zu bleiben. Ja, wir wissen, das kann eine wirkliche Challenge werden. Doch es lohnt sich, das für dich mal auszuprobieren. Es wird wie eine Detox-Kur auf dein Gehirn und deinen Körper wirken – detox von Stress und Negativität. Diese Übung entgiftet deine Seele und schafft wieder mehr Freude und Blick für das Wunderbare in deinem Leben. Verstärken kannst du das zusätzlich noch mit der Übung in Dankbarkeit.

Starte heute vor der Meditation mit deinem Dankbarkeitstagebuch. Wofür bist du heute besonders dankbar? Notiere drei Dinge, ohne lange darüber nachzudenken:

1. _____

2. _____

3. _____

Auch heute wollen wir dich zu deiner täglichen Meditation einladen. Dafür stehen dir wie immer drei verschiedene Techniken zur Verfügung: Die 10 Atemzüge aus Tag 1, der Body-Scan aus Tag 3 oder die 3. Grundlagenmeditation aus der 7Mind-App.

>>Die Menschen vergessen immer wieder, dass unser Glück von der Verfassung unseres Geistes abhängt und nicht von den äußeren Umständen.<<

John Locke

TAG 7: SCHLUSS MIT STRESS

Es ist dein siebter Meditationstag und du kannst richtig stolz auf dich sein: Du hast eine ganze Woche durchgehalten! Wie geht es dir mittlerweile? Vielleicht merkst du inzwischen, dass du dich schon etwas leichter sammeln kannst, nicht mehr so schnell aus der Haut fährst, wenn es mal knifflig wird, und dich irgendwie etwas präsenter fühlst. Wunderbar! Das freut uns sehr!

Wir werden uns jetzt noch einmal mit den Abläufen bei Stress und mit der Achtsamkeit im Beruf beschäftigen. Denn wir wissen, wie schwer es manchmal ist, zur Ruhe zu kommen, gerade weil unsere Aufgaben so immens vielfältig geworden sind und wir unglaublich viele Rollen gleichzeitig in unserem Leben spielen. In allen wollen wir auch noch richtig gut sein: Wir wollen erfolgreich im Job, fürsorgliche, liebevolle Eltern und eine perfekte, leidenschaftliche Partnerin sein. Dazu wären wir auch gerne für unsere Freude da, unsere Haustiere möchten auch gerne beachtet und der Garten und unser Zuhause hübsch gemacht werden. Das macht ja auch oft Freude. Aber es ist kein einfacher Spagat, den wir zwischen all den Anforderungen und auch unseren Ansprüchen daran zu meistern haben. Unsere Strategie mit allem umzugehen heißt oft Multitasking. Bügeln und dabei mit unserem Kind Vokabeln lernen, E-Mails beantworten und gleichzeitig noch mit der Freundin telefonieren, Abendessen mit der Partnerin und nebenbei noch schnell ein paar SMS schreiben und schon mal den E-Mail-Account für morgen checken. Ab und zu ist das kein Problem, doch als Dauerlösung ist es nicht nur stressig, sondern auch für alle Beteiligten zunehmend unbefriedigend. Wir wollen überall sein, sind jedoch nicht einmal ganz bei einer Sache und haben dann auch noch immer öfter ein schlechtes Gewissen.

Wie kommen wir aus diesem Spiel wieder raus? Nun, du ahnst es schon: mit Achtsamkeit. Sie hilft uns, eine klare Entscheidung zu fällen, was wir jetzt wirklich tun wollen, oder zumindest – wenn wir etwas tun müssen – uns für diese Zeit auch wirklich mit einem Ja darauf einzulassen. Außerdem hilft sie uns, übertriebene perfektionistische Ansprüche und Vorstellungen zu erkennen und davon Abstand zu gewinnen. Aus dem Blickwinkel der Meditation sind auch diese nur Gedanken, und du weißt, was wir mit Gedanken in der Meditation machen: loslassen.

Tschüss Perfektionismus!

Komme deinen Vorstellungen auf die Spur, wie du glaubst, sein zu müssen. Schreibe dir jeden dieser Glaubenssätze auf ein Blatt Papier. Dann schau dir jeden an und hinterfrage ihn: Ist das so? Ist das wirklich so? Von wem hast du diese Vorstellung, wie du sein und funktionieren solltest, übernommen? Oft sind wir ziemlich durch unsere Herkunftsfamilie geprägt und versuchen, jemanden zufriedenzustellen, der – zumindest im Außen – schon längst keine Macht mehr über uns hat. Oder wenn du glaubst, dass jemand etwas Bestimmtes von dir erwartet: Wer hat das gesagt? Hat er das wirklich so gesagt oder glaubst du nur, dass er das denkt, meint oder wünscht?

In den meisten Fällen sind es doch nur unsere Vorstellungen: Wir glauben zu wissen, was die anderen denken, wünschen, brauchen, von uns erwarten ... Doch wenn wir das wirklich einmal hinterfragen, stellen wir fest. dass das Meiste für unseren Alltag oder unsere Lieben überhaupt nicht wichtig ist. Anschließend such dir eine Sache aus deiner Liste aus und höre auf, sie zu tun. Beispielsweise könntest du deine Wohnung einfach nur kurz oberflächlich aufräumen, statt zwei Tage lang den Großputz zu machen, nur weil deine Freundin zum Kaffee kommt. Fang erst einmal klein an und gewöhne dich daran. Wenn du normalerweise deine Mails fünf Mal durchliest und auf Fehler scannst, dann schick sie nach dreimaligem Lesen ab. Schau, was passiert. In den meisten Fällen passiert nichts. Wahrscheinlich wirst du dich anfänglich etwas gestresster fühlen, doch mit der Zeit gibt sich das, wenn du merkst: Es geht mit weniger Perfektion viel entspannter.

Lass es einfach sein

In der Meditation lernen wir nicht nur, uns auf den Atem zu konzentrieren, sondern auch etwas sehr Wichtiges: Einfachheit. Wir erleben heute eine hohe Komplexität, was die Informationsdichte angeht, die uns täglich erreicht, aber auch unsere Aufgaben werden komplexer, denn wir müssen zusätzlich lernen. Da ist Einfachheit ein seltener Zustand. Nicht umsonst erlebt gerade die Minimalismusbewegung großen Zulauf.

Der Wunsch nach Vereinfachung, nach weniger, nach Schlichtheit und Überschaubarkeit. Selbst wenn du dein Leben mit all deinen Lieben, deiner Arbeit, deinem Sport und den Anforderungen grundsätzlich liebst und es nicht verändern möchtest, so kann dir die Fähigkeit, die Dinge einfach zu halten, zu noch mehr Lebensqualität, Ruhe und Genuss verhelfen.

Lass es einfach sein, bedeutet nicht nur, dass wir etwas nicht mehr tun, sondern auch, dass wir aufhören, die Dinge unnötig zu verkomplizieren. Du hast in dieser Woche schon viel darüber gelernt, die Dinge geschehen zu lassen und nur zu beobachten. Das kommt dir jetzt hier richtig zugute. Darauf kannst du aufbauen.

Was du sonst noch tun kannst

Damit du mehr Ruhe hast und dem Zwang vorbeugst, dich immer um alles kümmern zu müssen, hilft es, die Dinge dort zu lassen, wo sie hingehören. Beispielsweise indem du dir angewöhnst, berufliche E-Mails nur in deiner Arbeitszeit zu beantworten und private eben in deiner Freizeit. Wenn du Feierabend hast, lass dein berufliches Handy aus und checke berufliche Mails erst wieder im Büro. Gerade wenn du zu Hause arbeitest, verschmelzen oft berufliche und private Zeiten und Räume. Dann brauchst du mehr Disziplin und ein paar Tricks. So kann ein separates Arbeitszimmer den Dingen ihren physischen Raum geben, den du zu einer bestimmten Zeit auch bewusst verlässt. Eine eingerichtete Abwesenheitsbenachrichtigung informiert darüber, wann du wieder erreichbar bist.

Außerdem gibt es diese kleinen Alltäglichkeiten, die uns trotz Vereinfachung, Monotasking und weniger Perfektionismus immer wieder triggern. Eine einsame Insel können wir dir nicht bieten, aber vielleicht können dir diese kleinen Tipps helfen. Manche davon sind dir bereits vertraut, doch wir wissen, es kann sehr hilfreich sein, sie noch mal auf einen Blick zu haben.

3 Tipps gegen Stress

1. Atme einfach tief durch

Unser Entspannungsmittel Nr. 1 haben wir immer dabei: unseren Atem. Wann immer wir gestresst sind, verändert sich unsere Atmung. Wir atmen flach, wir atmen schnell. Wenn du das merkst, atme ganz bewusst langsam und tief ein und aus. Dein Körper wird mit mehr Sauerstoff versorgt und dein Gehirn kann auch besser arbeiten. Am effektivsten ist es, wenn du dich auf deinen Bauchraum konzentrierst. Das bringt auch deine Aufmerksamkeit vom Kopf (Stressgedanken) in deinen Körper (Entspannung).

2. Priorisiere statt zu perfektionieren

Wenn du nicht weißt, wo dir der Kopf steht, dann hilft nur eins: Manage dich selbst, nicht deine Zeit! Wenn du sehr viel zu tun hast dann unterteile deine Aufgaben in dringende, wichtige und weniger wichtige Dinge. Dringende Dinge werden zuerst erledigt, wichtige Dinge werden terminiert und später angegangen und weniger wichtige To-dos aufgeschrieben und so vorerst aus deinem Kopf verbannt, um Platz für andere Dinge zu erhalten. Mehr über dieses Prinzip, das auch Eisenhower-Matrix genannt wird, findest du im Web.

3. Entspanne in der Natur

Geh eine Runde in den Wald. Was Oma schon wusste, haben japanische Wissenschaftler erforscht und daraus eine Therapie gemacht: Waldbaden oder auch »Shinrin Yoku« genannt. Doch dafür brauchst du nicht nach Japan zu reisen, dein Park oder Stadtwald wirkt genauso, und zwar einfach indem du darin spazieren gehst. Es senkt nachweislich den Blutdruck, reduziert Stresshormone und stärkt dein Immunsystem.

Auch wenn du eher zu denen gehörst, die die Welt etwas ernster betrachten: Entspannung kann jeder trainieren. Je häufiger du dich einfach darin übst, zur Ruhe zu kommen, aus Drama-Gedanken auszusteigen und dir die vielen kleinen Geschenke des Alltags bewusst machst, umso leichter wird in dir eine entspannte und eher positive Grundhaltung entstehen.

Natürlich, es gibt Menschen, die ein sonnigeres Gemüt mitbringen als andere. Lass dich davon aber nicht beeindrucken. Jeder hat mal gute und nicht so sonnige Tage. Wie wir damit umgehen, das können wir alle lernen. Dank täglicher Meditation wirst du immer weiter darin wachsen. Neue Verknüpfungen werden sich in deinem Gehirn bilden, die dir mit der Zeit erleichtern, auch in schwierigen Situationen gelassener zu reagieren und schneller wieder in deine Balance zu kommen.

Digital Detox

Das Smartphone wird für seine Suchtgefahr regelrecht verteufelt, es ist jedoch nicht allein das Problem. Vielmehr geht es darum, wie wir es benutzen. Sobald wir den Browser öffnen, schreit vieles nach unserer Aufmerksamkeit. Reize, die wir zwar wahrnehmen können, auf die wir mit etwas Übung aber gelassener oder gar nicht mehr reagieren können. Manche Dinge, die das Internet möglich macht, findest du bestimmt auch großartig. Trotzdem verlieren wir aufgrund der Schnelllebigkeit auch oft den Überblick, welche Informationen, Artikel und Produkte wir wirklich brauchen.

Um deine Balance zu stärken, können auch digitale Auszeiten hilfreich sein. So toll die Digitalisierung ist, wir brauchen ab und zu auch einfach eine Pause von der universellen Erreichbarkeit und all den Informationen. Offline zu sein gilt sogar mittlerweile als eine neue Form des Luxus. Wir meinen, dass die Fähigkeit, sich in beiden Welten bewusst und angemessen zu bewegen, wesentlich hilfreicher ist, denn so kommen wir in den Genuss des Positiven aus beiden Welten. Es braucht von uns jedoch sehr viel Aufmerksamkeit, denn du hast es wahrscheinlich schon gemerkt: Es ist nicht ganz leicht, darauf zu verzichten und nicht kurz bei Facebook zu schauen oder die neuesten Börsenkurse zu checken.

Die Frage ist, wie wir die digitalen Angebote nutzen. Schauen wir alle drei Minuten auf das Smartphone, checken unsere Nachrichten und verpassen wir dabei, was sonst noch so in unserem Leben gerade passiert? Oder nutzen wir es beispielsweise, um uns durch ein YouTube-Video bei der Yoga-Praxis zu unterstützen und anschließend unsere Kleidung nach dem aktuellen Wetterbericht auszuwählen? Manchmal brauchen wir ein bisschen Zeit, damit wir uns darüber klar werden, was wir reflexartig, unbewusst tun, und um uns bewusst zu machen, was wir wirklich wollen.

Deswegen möchten wir dir noch eine kleine, aber sehr wohltuende Übung ans Herz legen: Digital Detox. Sie hat die Kraft, ein bisschen mehr Bewusstheit und Kontrolle in deinen Medienkonsum zu bringen und eine große Stressquelle für dein Gehirn auszuschalten. Dabei soll es nicht darum gehen, komplett aus der digitalen Nutzung auszusteigen, sondern bewusster auszuwählen, woran du gerne teilnehmen möchtest. Wähle aus, mit Achtsamkeit, und du wirst merken, wie es dich ganz von selbst ruhiger macht.

Achtsamkeitsübung für den Alltag: Digital Detox

Überlege dir ganz bewusst, welche der digitalen Inhalte für dich wichtig sind. Welche Apps brauchst du wirklich? Welche lenken dich ab und lassen dich immer zum Smartphone greifen, um zu schauen, was es Neues gibt, ohne dass es einen wirklichen Mehrwert hat? Welche helfen dir, Neues und

Hilfreiches für dein Leben zu lernen? Welche unterstützen dich darin, dich zu bewegen und deinen Körper zu stärken? Welche Informationen sind heute wirklich wichtig, an welchen möchtest du wirklich teilnehmen?

Anschließend räume dein Smartphone auf und deinstalliere alle Apps, die dich in deiner Ruhe stören, ohne dass es wirklich existenziell wichtig ist. Behalte die Apps, die dir helfen, dich besser zu organisieren, heilsame Routinen zu entwickeln und die dir gut tun. In einem ersten Schritt kann es auch helfen, Push-Benachrichtigungen auszuschalten und Social-Media-Apps nicht mehr auf deinem Startbildschirm anzuordnen. So vergisst du die kleinen roten Punkte ganz schnell, die um deine Aufmerksamkeit betteln.

Vereinbare heute mit dir selbst Zeiten, in denen du dich mit den Inhalten beschäftigst, an denen du heute teilnehmen möchtest. Ansonsten lass dein Smartphone heute mal in deiner Tasche. Wir wünschen dir einen ruhigen Tag! Nun sind wir am Ende der siebentägigen Praxis-Woche angekommen und möchten dich zur vorerst letzten Meditation für diese Woche einladen. Nimm wieder einen aufrechten und doch bequemen Sitz ein, wähle deine Meditation für den Tag, und los geht's.

> »Wenn man seine Ruhe nicht
> in sich findet, ist es zwecklos,
> sie andernorts zu suchen.«

François VI. Herzog
de La Rochefoucauld

Du hast jetzt einen guten Anfang auf deinem Weg zu mehr Gelassenheit gemacht. Nun geht es darum, das Begonnene im Alltag weiter zu festigen. Schon jetzt hat sich eine zarte Routine ausgebildet. Jeden Tag hast du im Buch gelesen und die Übungen für dich ausprobiert. Wahrscheinlich wird es dir jetzt plötzlich sogar fehlen, wenn du nicht mehr jeden Tag hier hineinschaust. Doch keine Sorge: Du kannst mit diesem Buch und unseren Übungen so lange weiterarbeiten, wie du möchtest. Irgendwann wirst du sie so verinnerlicht haben, dass sie einfach zu deinen täglichen Abläufen, zu deinem Alltag, gehören. Außerdem haben wir noch ein paar Anregungen für dich zusammengetragen, die dir helfen werden, deine Praxis fest in dein Leben zu integrieren.

Dein Ziel: Alltagspraxis

Damit du in deinem Leben wirklich von der Meditation profitieren kannst, übe, wo immer du bist. Auch wenn es für den Anfang sehr angenehm und hilfreich ist, in einem ruhigen Umfeld zu meditieren, wirst du dadurch sensibler für Geräusche. Dein Organismus gewöhnt sich an die Stille genauso, wie er sich an Reize gewöhnen kann. In der Achtsamkeit lernen wir, weder abzulehnen noch an etwas anzuhaften. Wir üben uns in Offenheit für alles, was ist, egal wo wir sind.

Achtsamkeit bedeutet, das Gewahrsein für den jetzigen Augenblick zu erhöhen. Und das kannst du überall, mach einfach deine eigenen Erfahrungen. Menschen kommen und gehen. Übe, in deiner Mitte zu bleiben. Lass die Geräusche durch dich hindurchfließen, registriere sie, doch bleib nicht an ihnen kleben. Ja, wir brauchen auch Stille, um unseren Organismus in Balance zu bringen. Doch das, worum es im achtsamen Leben geht, ist die Balance von Aktivität und Ruhe, Anforderungen und Erholungszeiten, Anspannung und Entspannung zu halten und mit den wechselnden Anforderungen unseres Lebens umgehen zu lernen. So wie kalt-heiße Wechselduschen unser Immunsystem stärken, stärkt die Meditation unter wechselnden Bedingungen unser psychisches Immunsystem. Stress entsteht immer dann, wenn wir im Widerstand gegen das sind, was gerade geschieht.

Mit Achtsamkeit übst du, mit dem zu sein, was ist. Das geht nur dadurch, dass du dich entspannst und Kontakt aufnimmst mit den Reizen, die dir der gegenwärtige Moment bietet. Das ist dein Moment. Nur dass er vielleicht nicht so aussieht, wie du es dir gewünscht und vorgestellt hast. Dennoch ist dieser Moment da, mit seiner ganzen Fülle, und will von dir gelebt werden. Nimmst du die Herausforderung an? Genau das ist der Punkt, um den es geht: Ja zu sagen zu dem, was ist. So häufig bekommt der gegenwärtige Moment unser Nein und wir versuchen dagegen anzukämpfen. Stress und Spannung, Wut und Angst folgen daraus. Mit Achtsamkeit üben wir uns darin, Ja zu sagen und teilzunehmen an dem, was das Leben uns Moment für Moment an unsere Sinne spült. Muss uns das immer gefallen? Nein! Denn Achtsamkeit ist einfach nur eine schlichte innere Haltung von Präsenz und wertfreier Offenheit den Geschehnissen gegenüber. Es geht also gar nicht um ein sprühendes, begeistertes Ja, sondern einfach nur um ein neutrales, annehmendes und offenes Sein. Das ohne unseren bewegten Alltag zu üben ist schwierig. Darum nutzen wir einen reizreduzierteren Übungsrahmen: die Meditation. Sie ist das formale Trainingsfeld der Achtsamkeit. In ihr üben wir, präsent, wach und gesammelt zu sein. Uns immer wieder loszulösen, wenn wir uns verhakt haben, und uns immer wieder tief zu entspannen, wenn wir merken, dass wir in Widerstand gehen und der Körper mit Anspannung reagiert. Der Geist folgt dem Körper, so wie der Körper dem Geist folgt. Wir beobachten dies in der Meditation, Moment für Moment, und lernen uns und die Welt dabei immer besser kennen.

Diese Fähigkeiten, die wir in der Meditation kultivieren, stehen uns dann auch in unserem Alltag zur Verfügung. Doch wir müssen sie aktiv in unserem Leben etablieren. Die Meditation verändert unsere Hirnaktivität. Dennoch stabilisieren unsere alten, gewohnten Handlungsroutinen weiterhin unser gewohntes Leben. Wenn wir wirklich unsere Gewohnheiten verändern möchten, kommen wir nicht umhin, sie aktiv zu verändern. Wir müssen etwas anderes tun, als wir gewohnt sind, sonst bleibt alles, wie es ist. Das Meditieren verändert schon etwas, die Anwendung der Meditation und die daraus erwachsende achtsame Haltung im Alltag ändert alles! Neues ins Leben zu bringen hat immer seine Schwierigkeiten. Eine davon ist: Es kostet erst einmal Kraft und Überwindung, das Neue wirklich jeden Tag durchzuziehen. Unsere alten Gewohnheiten sind stark und sabotieren oft unsere neuen Vorhaben, weil sie einfach automatisch ablaufen. Wenn wir nicht wirklich aufmerksam sind, finden wir uns ganz schnell in alten, gewohnten Verhaltensweisen wieder. Das heißt, gerade jetzt am Anfang ist es wichtig, dass du für dich eine kraftvolle, entschiedene Ausrichtung schaffst.

Dabei hilft es dir, dich an deine Motivation zu erinnern (siehe Tag 1) und warum du Achtsamkeit und Meditation in deinem Leben haben möchtest. Schau dir deine Notizen dazu mehrmals täglich an. Oder schaffe dir ein Memo- oder Vision-Board mit deinen Meditationsmotiven und platziere es so, dass du öfter am Tag drauf gucken kannst. Dein Gehirn unterstützt dich. Das Üben wird dir mit jedem Tag immer leichter fallen und du bekommst kraftvolle Unterstützung gegen deinen Schweinehund, der es sich viel lieber auf der Couch gemütlich machen würde: die Routine.

Die Routine – ein genialer Kraftsparmodus

Jeder von uns hat Abläufe, die er wie im Schlaf beherrscht: Kaffeekochen, Zähneputzen, der Weg zur Arbeit. Schon unzählige Male haben wir diese Aktionen ausgeführt. Wir stellen sie auch nicht infrage, sondern tun sie einfach. Das erleichtert uns unseren Tag immens, denn wir brauchen uns nicht jedes Mal neu damit zu beschäftigen, ob und wie wir uns die Zähne putzen. Wir haben uns einfach daran gewöhnt und machen es jeden Tag – und das hält unsere Zähne gesund. Wir haben eine Routine ausgebildet. Sie hilft uns, komplexe Handlungen einfacher in den Tagesablauf zu integrieren. Wie immer, wenn wir etwas Neues in unserem Leben etablieren, brauchen wir auch für eine regelmäßige Meditationspraxis Kontinuität, bis sie zu einer Routine geworden ist. Doch hast du dich einmal daran gewöhnt, kannst du dir einen Tag ohne Meditation nicht mehr vorstellen. Es würde sich ähnlich merkwürdig anfühlen, als würdest du mit ungeputzten Zähnen das Haus verlassen.

Das Gehirn liebt Routinen

Zwischen 30 und 50 Prozent unseres Lebens laufen routiniert ab. Dabei unterscheidet das Gehirn nicht zwischen guten oder schlechten Gewohnheiten. Das können nur wir selbst erkennen, ob uns die Routine wirklich hilft oder eher ungesund ist. Die Fähigkeit, Routinen auszubilden, ist ein sehr effektiver Energiesparmodus der Natur, der es uns ermöglicht, wiederkehrende, komplexe Handlungsabfolgen mit möglichst wenig Energie und Zeit durchzuführen. Das heißt, die Natur versucht, es uns leicht zu machen. Neues zu erleben braucht von uns drei Dinge: Konzentration, Bewusstheit und Aufmerksamkeit. Diese drei dauernd wach zu halten ist ziemlich energieaufwendig und anstrengend für unser Gehirn. Deswegen strebt es seiner Natur entsprechend danach, für wiederkehrende neue Situationen Routinen auszubilden, damit alltägliche Abläufe einfacher werden und weniger Energie verbrauchen.

Ohne die täglichen Routinen wären wir auf Dauer ganz schön überfordert. Denn stell dir vor, du müsstest jeden Tag neu überlegen, wie du zur Arbeit kommst, wie du dein Frühstück oder den Kaffee zubereitest. Da dein Gehirn total darauf steht, aus allem Neuen eine Routine zu machen, kannst du dir das auch für deine tägliche Meditationspraxis zunutze machen.

Alles beginnt damit, dass du dafür eine klare Entscheidung fällst. Du musst es wollen, gerade weil es dich anfänglich immer ein bisschen Überwindung kosten wird. Doch dafür belohnt dich dann das ruhige und entspannte Gefühl der Meditation für den Moment der Überwindung.

Wie schaffe ich mir eine Meditationsroutine?

Wir wollen ehrlich sein: Ohne ein bisschen Disziplin funktioniert es nicht. Doch hast du dich einmal daran gewöhnt, wird die Meditation zu einem unverzichtbaren Teil deines Lebens, auch ohne dass du dich immer wieder neu dazu aufraffen musst.

In dieser Woche haben wir ganz bewusst nur mit wenigen Minuten Meditation am Tag begonnen. Viele Vorhaben scheitern nämlich an unrealistischen Vorstellungen, wie beispielsweise direkt von Anfang an lange meditieren zu müssen. Du kannst es daher ganz entspannt angehen. Es geht weniger um die Dauer, sondern eher um die Regelmäßigkeit und um die Qualität deiner Meditation. Lange Meditationen können dich abschrecken oder gar frustrieren. Du läufst ja auch nicht gleich einen Marathon, wenn du gerade mal leichtes Joggen gelernt hast. Somit empfehlen wir dir: Setze dir realistische Ziele.

Du hast wahrscheinlich bereits eine gute Zeit für dich gefunden, an der du in deinem Alltag ungestört bist. Behalte das bei, wenn es für dich gut klappt. Wenn es noch nicht ganz deine Zeit ist, überlege, was für dich stimmiger wäre und wie du es schaffen könntest, dir diesen Raum zu nehmen. Versuche, den Zugang zu deiner Meditationszeit so einfach wie möglich zu gestalten. Und das ist einer der wichtigsten Tricks: Mach es dir so einfach wie möglich, sodass du wirklich nicht Nein sagen kannst. Am besten gelingt dir das, wenn du eine neue Gewohnheit an eine bestehende Routine, einen sogenannten »Triggermoment« knüpfst. So gewöhnt sich dein Gehirn schneller an den neuen Handlungsablauf, denn es kennt den »Trigger« ja schon in- und auswendig. Wenn du deine Meditation beispielsweise immer vor oder nach dem Zähneputzen beginnst, verknüpft dein Gehirn die beiden Aktivitäten als Teil deiner täglichen Routine. Ähnlich wie das Zähneputzen kann deine Meditation anfänglich nur wenige Minuten in Anspruch nehmen. Keine Sorge: Die positiven Auswirkungen deines Achtsamkeitstrainings wirst du trotzdem nach kurzer Zeit wahrnehmen.

Vielleicht hast du dich schon gefragt, warum unsere Meditationen nur sieben Minuten lang sind. Wir glauben, dass jeder sieben Minuten Zeit am Tag freischaufeln kann, egal wie voll der Terminkalender ist. In einer Studie konnte bereits bewiesen werden, dass diese kurze Zeitspanne schon ausreicht, um sich langfristig entspannter und gelassener zu fühlen.

Du weißt es schon: Dein Gehirn liebt Routinen! Damit du in der nächsten Zeit auch ganz sicher bei deiner neuen Meditationspraxis bleiben kannst, haben wir die wichtigsten Regeln der Gewohnheitsbildung für dich zusammengefasst.

Die 7 goldenen Regeln der Routinebildung

1. Geh es entspannt an

Fahre erst einmal mit deiner begonnenen Übungspraxis weiter fort, so festigt sie sich mehr und mehr. Dein Gehirn hat bereits die ersten Verschaltungen dafür gebildet. Jetzt braucht es nur noch Kontinuität. Wähle dazu eine der Meditationen aus, die du gerne noch mal weitere sieben Tage üben möchtest. Wenn du deine Praxis erweitern möchtest, dann ist es wichtig, das langsam anzugehen. Du kannst deine Meditationszeit einfach entspannt steigern, in dem du nach der Anleitung für dich ein bis zwei Minuten länger sitzen bleibst und den Atem bewusst spürst. Steigere deine Meditationszeit langsam, denn nur so bleibst du langfristig motiviert und kannst vor allem viele kleine Erfolgserlebnisse feiern.

2. Meditiere, wo immer du bist

Wir haben mittlerweile alle ein sehr bewegtes Leben. Natürlich ist es schön, in Ruhe zu Hause zu meditieren. Doch das ist nicht der einzige Ort, an dem Meditation gelingen kann. Wir haben die Erfahrung gemacht, dass es viel leichter ist, eine regelmäßige Praxis zu etablieren, wenn wir sie überall ausführen können. Also, tue es, wo immer du gerade bist, in der Bahn, auf deinem Küchenstuhl, am Schreibtisch, im

Flieger, auf der Parkbank, im Hotelzimmer oder im Auto auf dem Rastplatz – und ja, auch auf der Toilette, wenn das der einzige Ort ist, an dem du ein paar Minuten ungestörte Zeit für dich hast.

Warte nicht auf den perfekten Moment. Jeder Moment und jeder Ort bietet interessante Bedingungen für deine Meditationspraxis. Je alltagsnäher deine Übung ist, umso leichter trainierst du dich auch darin, mit alltäglichen Situationen umzugehen. Meditation ist keine »Käseglocken-Praxis«, sondern findet mitten in deinem Leben statt.

3. Nutze Übergangszeiten

Am leichtesten etablierst du Routinen in deinen Tag, wenn du Übergangszeiten nutzt. Beispielsweise morgens nach dem Aufstehen oder auf deinem Arbeitsweg. Wenn du morgens meditierst, hat das den Vorteil, dass du mit dem guten Gefühl in deinen Tag gehst, schon etwas für dich getan zu haben. Du kannst es auch am Abend machen, beispielsweise auf deinem Nachhauseweg oder wenn du heimkommst. Das hilft dir, deinen Arbeitstag hinter dir zu lassen und dich auf deine private Zeit einzustimmen, in der du dann auch wieder voll und ganz für deine Lieben da bist. Gerade wenn du abends heimkommst, kann es helfen, deine Kleidung zu wechseln und dich anschließend zur Meditation hinzusetzen. Außerdem kannst du dir auch die Verknüpfung mit einer anschließenden Mahlzeit als Belohnung zunutze machen. So könntest du direkt nach der Meditation frühstücken oder zu Abend essen. Dein Gehirn merkt sich das, und so wird die Meditation leichter in deinen Tagesablauf integriert.

4. Belohne dich!

Du hast wieder eine Woche meditiert? Prima! Gönn dir etwas Schönes! Das ist wichtig, besonders wenn die Meditationen zwischendurch vielleicht anstrengend waren. Durch die Belohnung bekommst du das Gefühl, etwas Gutes und Wertvolles für dich getan zu haben. Belohnungen lösen in unserem Gehirn die Ausschüttung von Dopamin aus, das wir als Glücksgefühle wahrnehmen. Unser Gehirn mag das sehr und möchte sehr gerne mehr davon haben. Das kannst du dir zunutze machen. Setze die Belohnung schon vorher für die Woche fest und dann gönn sie dir.

5. Sei langweilig

Sobald du für dich einen funktionierenden Ablauf gefunden hast, fahre damit fort. Bleib einfach dabei, auch wenn es langweilig erscheint, denn genau das schafft die Routine. Wenn du für 21 bis 30 Tage immer wieder den gleichen Ablauf durchführst, stärkst du ganz automatisch die neuen Verschaltungen in deinem Gehirn. Was dir vielleicht langweilig erschien, wird mit der Zeit zu einer entspannenden und lieb gewonnenen Gewohnheit.

6. Erzähle anderen davon

Auch wenn Meditation ein innerer Weg ist, kann es hilfreich sein, anderen von deinem Vorhaben zu erzählen. Sprich mit deinen Kollegen darüber, mit Freunden, deinem Partner. Schließe dich mit anderen zusammen, die sich auch dafür interessieren. So hast du das Gefühl, eingebunden zu sein in einer großen Community. Gemeinsam auf dem Weg zu sein stärkt enorm. Du wirst erstaunt sein, wie viele Menschen es mittlerweile gibt, die ebenfalls auf dem Weg sind. Und wie viele sich dafür interessieren, jedoch noch nicht wissen, wie sie es angehen können. Allein dadurch, dass du praktizierst und das erzählst, inspirierst du andere. Wer weiß, vielleicht wird daraus eine lockere Meditationsgruppe, die sich gelegentlich in der Mittagspause zum gemeinsamen Meditieren trifft.

7. Sei lieb zu dir

Klar, ohne eine gewisse Regelmäßigkeit wird es nicht funktionieren, dennoch bleibe weich. Wir haben alle immer mal solche Tage, an denen gar nichts so funktioniert, wie wir es uns vorgestellt haben. Da hast du jeden Tag die Praxis durchgezogen, und dann kommt plötzlich dieser eine Tag, an dem einfach alles anders ist und du die Praxis völlig vergisst. Statt meditativer Ruhe kommen in dir Ärger und Frust hoch, und du hast das Gefühl, die ganze Meditiererei bringt doch sowieso nichts.

Solche Tage gehören auf dem Weg zu einer neuen Routine dazu. Das ist ganz normal und das kennt wirklich jeder, der Meditation oder etwas anderes in sein Leben bringen möchte. Mach dir also keinen Stress. Leben ist das, was passiert, und es kreuzt manchmal unsere Pläne. Sei lieb zu dir. Statt dich unter Druck zu setzen oder jetzt deine ganze begonnene Meditationsroutine einstampfen zu wollen, mach einfach dort weiter, wo du gestern aufgehört hast. Morgen ist ein neuer Tag, ein neues Jetzt und eine neue Möglichkeit dein Leben zu gestalten.

Gerade am Anfang haben die meisten damit zu kämpfen, eine gewisse Regelmäßigkeit reinzubringen. Wichtig ist, dass du nicht diesen einen Moment siehst, an dem du nicht meditiert hast, sondern die vielen Male, an denen du es bereits getan hast. Unregelmäßigkeit gehört zur Regelmäßigkeit dazu. Geh es locker an. Du willst es ja, das ist die Hauptsache. Solltest du merken, dass du grundsätzlich Schwierigkeiten hast, die Praxis in deinen Alltag zu integrieren, prüfe, ob du dir nicht zu viel vorgenommen hast und dich dein Vorhaben eher stresst und einschränkt, als dass es dich nährt. Dann mach einfach etwas weniger. Es geht nicht um die Länge der Meditation, sondern um die Regelmäßigkeit. Also praktiziere ruhig kürzere Einheiten, wenn das besser in dein Leben und zu dir passt.

Deine perfekte Meditationszeit

Vielleicht fragst du dich, welche Zeit grundsätzlich die beste für dich ist. Du hast in der Woche bestimmt zu unterschiedlichen Zeiten geübt. Wie ist es dir dabei ergangen? Gab es eine Zeit, die sich besonders stimmig für dich angefühlt hat? Oder fühltest du dich mit einer Mischung von verschiedenen Meditationszeiten sehr wohl? Keine Sorge: *Die* perfekte Zeit gibt es nicht! Lass dir da nichts erzählen, denn jeder hat einen anderen Tagesablauf und Biorhythmus. Der Vergleich mit anderen hilft bei dieser Frage nicht. Du kannst nur für dich selbst herausfinden, welche Zeit für dich stimmig ist. Für die einen ist es einfacher, eine Routine zu entwickeln, wenn sie immer am gleichen Ort zur gleichen Zeit üben. Andere fühlen sich dadurch eher eingeengt und brechen dann die Praxis ab, weil es ihnen viel zu rigide erscheint. Das ist eine Typ-Frage. Gerade wenn der Tag viel Flexibilität von dir verlangt, könnte es dich sogar ziemlich unter Druck setzen, immer zur gleichen Zeit am gleichen Ort zu praktizieren. Wichtig ist vielmehr, dass du eine Routine findest, die zu dir und deinem Leben passt und sich für dich gut anfühlt. Lass uns mal schauen, welche Vorteile und Besonderheiten die einzelnen Tageszeiten haben können.

Die Morgenmeditation

Der Wecker klingelt und ein neuer Tag liegt vor dir. Bist du ein Morgenmensch und springst gleich freudig aus dem Bett oder drehst du dich lieber noch mal rum? Wenn du zu den Menschen gehörst, die gerade den Morgen lieben und auch gerne ein paar Minuten früher aufstehen, dann könnte dies eine wunderbare Zeit für deine Meditation sein. Gerade am Morgen, wenn deine Lieben vielleicht noch schlafen, ist es oft ruhiger als am Tag. Der Geist ist noch nicht von so vielen Eindrücken aufgewühlt und wirkt klarer. Dein Kopf ist noch frisch und es mag dir leichter fallen, dich zu sammeln und deine geistigen Aktivitäten wahrzunehmen. Die Morgenmeditation hilft dir, gleich gelassener in den Tag zu starten und für stressige Situationen besser gewappnet zu sein.

Doch nicht jeder ist gleich nach dem Aufwachen in der Lage zu meditieren. Vielleicht brauchst du erst eine Dusche oder einen Kaffee. Wenn der Morgen grundsätzlich nicht deine Zeit ist, dann hast du noch andere Tageszeiten zur Auswahl.

Tagesmeditation

Dein Tag läuft und ist ziemlich dicht getaktet. Es ist nicht leicht, alles unter einen Hut zu bekommen und dabei auch noch gelassen und konzentriert zu bleiben. Das tolle an der Meditation ist: Du bist absolut flexibel. Du kannst sie zu jeder Zeit und an jedem Ort durchführen. Gerade wenn du ein sehr bewegtes Leben hast, viel unterwegs bist und keinen klaren Tagesrhythmus hast, ist sie dennoch für dich machbar. Irgendwann und irgendwo findet sich immer ein kleines Zeitfenster von ein paar Minuten, das du leicht nutzen kannst. Besonders wenn du einen anstrengenden Job hast, hilft Meditation dir, während der Arbeit ruhig und gelassen zu bleiben. Sie hilft dir sogar dabei, effektiver und konzentrierter deinen Aufgaben nachzukommen. Solltest du mit einer besonders kniffligen oder stressigen Situation konfrontiert werden, hilft Meditieren dir, kreativer und ruhiger mit der Situation umzugehen und im Gleichgewicht zu bleiben. Wo immer du gerade ein paar Minuten ungestört sein kannst, meditiere. Sei es vor einem Meeting oder einem Treffen, vor dem du aufgeregt bist. Zieh dich kurz zurück, und die Welt sieht danach schon anders aus. Auch wenn dich gerade etwas ziemlich mitgenommen hat, ist Meditation eine prima Erste-Hilfe-Maßnahme.

Wenn aber dein Tag viel zu voll ist und du die Ruhe des Abends liebst, dann bietet sich vielleicht eher eine Abendmeditation für dich an.

Abendmeditation

Dein Tag ist vorbei, viel ist passiert. Endlich kommst du zur Ruhe. Gerade die Meditation am Abend gibt dir die Möglichkeit, die Eindrücke des Tages ausklingen zu lassen, Abstand zu gewinnen und zur Ruhe zu kommen. Ganz gleich ob du schöne oder anstrengende Erlebnisse hattest, lass sie für einen Moment noch einmal auftauchen und dann wieder gehen. Der Tagesrückblick ist quasi wie eine visuelle Meditation und kann dir helfen, mit dem Tag abzuschließen, leichter in die Nacht zu gehen und einen guten Schlaf zu fördern.

Vielleicht hast du jetzt schon beim Lesen gemerkt, was für eine Zeit dir lieb ist. Probiere ruhig die verschiedenen Tageszeiten aus. Wie gesagt: Es gibt hier kein richtig oder falsch, sondern einfach nur deine persönliche Art und Weise, die Meditation in dein individuelles Leben zu bringen. Es muss nur für dich passen und nicht irgendwelchen Vorstellungen oder Idealen entsprechen. Dein Leben, deine Zeit, deine Meditation! Und solltest du gerne mal ein bisschen mehr Morgenaktivität in deinen Tag bringen, hätten wir ein paar Anregungen für dich.

Die Morgenroutine: Der Morgen macht die Musik

Zugegeben, nicht jeder springt sofort fröhlich aus dem Bett. Manche brauchen dafür einfach etwas länger. Wie wir die erste Stunde nach dem Aufstehen verbringen, hat allerdings einen entscheidenden Einfluss auf die Stimmung des gesamten Tages.

Wie schaffst du es trotzdem, aus einem müden Morgen einen »Miracle-Morning« zu machen, der dich schon direkt zu Beginn deines Tages motiviert und dir eine ordentliche Dosis Glück verschafft? Der Begriff des Miracle Mornings wurde von Hal Elrod geprägt, dem eine regelmäßige Morgenroutine zu einem erfolgreichen und zufriedenen Leben verholfen hat. Bevor du als bekennender Morgenmuffel Panik bekommst: Du kannst es entspannt und langsam angehen. Ob du jeden Morgen ein paar Minuten früher aufstehst oder dir einmal pro Woche morgens mehr Zeit gibst, das kannst du für dich ausprobieren. Auch hier gilt: Hauptsache, es passt für dich!

In der Tat braucht es anfänglich etwas Überwindung, doch wie du schon gelesen hast, brauchen wir immer ein bisschen Kraft, damit wir etwas Neues in unser Leben tragen. Hilfreich ist, etwas zu finden, das du magst und wirklich gern in deinem Leben etablieren möchtest, etwas, mit dem du positive Empfindungen verbindest. Wir möchten dir ein paar Aktivitäten vorstellen, mit denen du deinen Morgen gestalten kannst und so aus einem gewöhnlichen einen besonderen Morgen machst, der dir hilft, langfristig dein Leben entspannter, bunter und glücklicher zu gestalten.

Keine Sorge: Du brauchst nicht gleich alles in dein Leben zu integrieren. Es reicht, mit ein oder zwei Sachen anzufangen und diese über einen längeren Zeitraum in deinem Morgen zu verankern. Wenn du dich daran gewöhnt hast und dir gerne mehr Zeit für dich am Morgen geben möchtest, dann kannst du diese Routinen auch deinen Bedürfnissen entsprechend erweitern. Ein kleiner Tipp von uns: Nutze dein Smartphone am Morgen im Flugmodus! Checke deine Social-Media-Nachrichten erst später, wenn du in deine üblichen Tagesaufgaben gehst. Diese kostbare Morgenzeit gehört nur dir allein!

1. Meditieren

Beginne den Morgen mit einer kurzen Meditation. Wenn du es gerne gemütlich magst, starte schon im Bett mit deiner Morgenmeditation. Dein Kopf ist noch frei, der Tag liegt vor dir und es ist noch ruhig. Solltest du sehr müde sein, komm zunächst langsam in eine leichte Aktivität und setz dich dann zur Meditation auf einen schönen Platz mit einer aufrechten Haltung. Du kannst mit der App meditieren oder für dich allein. Stell dir einfach einen Timer auf 5 bis 10 Minuten und bleibe bewusst bei deiner Atmung. Spüre in deinen Körper hinein und schau, wie es dir gerade geht. Was für Gedanken gehen dir gerade durch den Kopf? Was für Gefühle und Empfindungen sind jetzt gerade in dir präsent? Was auch auftaucht, kehre immer wieder zu deinem Atem zurück. Moment für Moment, ganz locker und entspannt.

2. Schreiben

Du kannst den Morgen auch wunderbar dazu nutzen, deinen Gedanken einen Platz zu geben. Schreibe sie einfach auf. Entweder indem du ein Journal oder Tagebuch führst und darin deine Überlegungen, Ideen und Träume aufschreibst, oder indem du gleich deine Gedanken in einem Blog veröffentlichst. Die Morgenzeit ist für viele eine sehr kreative Zeit. Du wolltest schon immer mal ein Buch schreiben, doch dir fehlt die Zeit dafür? Dann nutze den Morgen, um immer ein paar Seiten zu schreiben. Schreibe einfach darauf los. Unzensiert, was immer gerade kommt. Du wirst erstaunt sein, was alles auf die Seiten fließt.

3. Bewegen

Zugegeben, sich morgens sofort nach dem Aufstehen die Joggingsachen anzuziehen, kostet anfänglich richtig Überwindung. Doch sobald du draußen in der frischen Morgenluft bist, packt es dich. Es ist ein großartiger Moment, den du mit der Zeit nicht mehr missen möchtest. Falls Joggen nicht dein Ding ist, kannst du vielleicht eine gemütliche Morning-Yoga-Session genießen, die deinen von der Nacht etwas steif gewordenen Körper sanft und genüsslich wieder aufdehnt und geschmeidig macht. Damit fühlst du dich gleich viel wohler und startest entspannt in den Tag.

4. Lesen oder hören

Am Morgen ist unser Geist besonders aufnahmefähig und mag gutes Futter. Du musst etwas lernen oder du hast oft keine Zeit ein Buch zu lesen? Der Morgen ist dafür perfekt. Lies, was immer dir gefällt. Mach es dir gemütlich, vielleicht mit einem Tee, zünde dir eine Kerze an, wenn es draußen noch dunkel ist und genieße diesen wunderbaren Moment, der nur dir gehört. Dich mit neuem, spannenden Input zu beschäftigen erweitert deinen Horizont, stärkt deine Konzentration und nährt deine Seele. Wenn du gerade nichts lesen möchtest, sondern lieber hören, wähle einfach einen spannenden Podcast. Manche sind nur 10 bis 20 Minuten lang und geben dir inspirierenden Input, der deine Welt herrlich bereichern kann.

5. Frühstücken

Gehörst du bisher eher zu denen, die ohne Frühstück mit einem coffee to go in den Tag stürmen, möchten wir dir heute das gute alte Frühstück schmackhaft machen. Gerade morgens freut sich unser Gehirn über eine Dosis Nährstoffe. Gerne Kohlenhydrate in Form von Müsli oder der warmen Variante Porridge mit einer guten Portion vitaminreichem Obst. Das versorgt deinen Körper gleich mit allen wichtigen Vitaminen, mit Protein und Ballaststoffen, die lange satt machen, und hilft dem Gehirn, konzentriert und wach zu arbeiten. Ganz nebenbei beginnst du damit deinen Tag mit wahrem Soulfood, denn es ist ein liebevoller, fürsorglicher Akt, dir Frühstück zu machen und dich damit zu nähren. Ein gutes Frühstück kann dir helfen, energiegeladener und glücklicher in den Tag zu starten.

Die Abendroutine: Zelebriere den Tagesabschluss

Du bist schon froh, dass du es zeitig aus dem Bett schaffst, und dir eine Morgenroutine anzugewöhnen stresst dich eher, als dass es dich neugierig macht? Dann haben wir etwas für dich: die Abendroutine – das Gegenstück zum entspannten Tagesstart. Es ist unsere Abendroutine, extra für die Eulen unter uns oder für alle, die auch gerne den Abend achtsam und meditativ gestalten möchten. Genauso wie der Morgen eine ganz besondere Stimmung für uns bereithält, hat auch der Abend viel für uns zu bieten: Der Tag mit seinen Verpflichtungen ist vorbei und langsam können wir uns wieder auf uns besinnen. Die Eindrücke des Tages wollen verarbeitet und der Organismus auf den Schlaf eingestimmt werden. Für manche ist dies allerdings auch eine Zeit, in der sie kreativ werden und gerne noch etwas malen, zeichnen und schreiben. Es ist wichtig, diese Kreativität bewusst zu lenken, weil du dich sonst schnell auch beim Wälzen von Problemen wiederfinden kannst.

Auch am Abend kannst du ganz ähnlichen Aktivitäten nachgehen wie in der Morgenroutine vorgestellt. Doch während viele der Aktivitäten am Morgen eher aktivierend wirken, ist es für den Abend wichtig, in die Ruhe zu finden. Damit das gelingt, haben wir ein paar Ideen für dich.

1. Meditation

Mit der Meditation den Tag zu beschließen kann ein ganz wundervolles, nährendes Ritual werden. Gerade wenn der Tag sehr vielfältig und schnell war, kannst du es genießen, auf deinem Meditationsplatz vollständig zur Ruhe zu kommen. Neben der Atemmeditation bieten sich am Abend auch die Dankbarkeits- sowie die Mitgefühlsmeditation an. Sie wirken besonders ausgleichend auf deine Seele und geben dir ein sicheres und geborgenes Gefühl.

2. Sanftes Yoga

Je später der Abend, umso ruhiger sollten die Aktivitäten werden. Sanftes, ganz langsam ausgeführtes Yoga kann deinem Organismus helfen, im Tagesverlauf angesammelte Spannung in den Muskeln zu lösen, lockerzulassen und tief zu entspannen. Besonders das Achtsamkeitsyoga oder auch das Yin-Yoga bieten sich dazu sehr an. Alternativ kannst du auch einfach deinen Körper langsam, sanft und bewusst dehnen und strecken. Lass dabei deinen Atem fließen und ruhe anschließend liegend unter einer Decke noch für ein paar Momente. Es kann sein, dass du dabei schon so müde wirst, dass du direkt von der Yoga-Matte in dein Bett wechselst.

3. Abendspaziergang

Ein langsamer, gemütlicher Spaziergang in der Abendstimmung hilft deinem Organismus, von der Aktivität des Tages in die Ruhe des Abends zu wechseln. Wenn du sehr unruhig und aufgewühlt bist, gehe ruhig erst etwas schneller. Nach ein paar Minuten des schnellen Gehens werde immer langsamer, bis du nur noch vor dich hin schlenderst. Das hilft deinem Körper, herunterzufahren. Das schnelle Gehen reduziert deine Stresshormone, sodass du ganz natürlich ruhiger und entspannter wirst. Während du gehst, hilft die Rechts-Links-Bewegung des Gehens deinem Gehirn dabei, die Eindrücke des Tages zu verarbeiten. Und mit langsam einsetzender Dunkelheit bildet dein Körper ganz natürlich das Schlafhormon Melatonin, sodass du müde und schlafbereit in deine Nacht gehen kannst.

4. Gedanken-Tagebuch schreiben

Wahrscheinlich kennst du das gut, dass sich gerade am Abend oder auch in der Nacht, wenn du eigentlich zur Ruhe kommen möchtest, alle Probleme melden, mit denen du dich aktuell in deinem Leben beschäftigst. Das ist ganz normal. Bevor du jetzt ins Grübeln abgleitest und dir damit deine Ruhe raubst, beginne ein Gedanken-Tagebuch zu führen, in das du alles schreibst, was sich in deinem Kopf bewegt. Viele Grübelspiralen lösen sich allein dadurch wieder auf, dass du sie aufschreibst und währenddessen erkennst, dass du das bereits schon einmal aufgeschrieben hast. Schreibe auch die Gedankengänge und Lösungen auf, die du nicht vergessen möchtest. So gibst du auch allen deinen Ideen, Plänen und großartigen kreativen Einfällen einen Ort, an dem sie vor dem Vergessen geschützt sind, dich aber auch in Ruhe lassen können. Solltest du nachts einmal wach werden und dich in Grübeleien wiederfinden, stehe sofort auf. Unterbrich das nächtliche Grübeln. Geh in die Küche, trink ein Glas Wasser, schreibe deine Gedanken auf und anschließend lenke deine Aufmerksamkeit auf etwas anderes. Spiel mit der Katze oder lies ein paar Zeilen in einem Buch. Insgesamt wird dich das ungefähr eine halbe Stunde deiner Nacht kosten, vielleicht auch mal eine Stunde. Doch das ist ziemlich wenig im Vergleich zu einer durchgrübelten Nacht. Du brauchst dafür anfänglich etwas Überwindung, doch probier es aus. Es wirkt.

5. Reise durch den Körper

Gerade wenn es dir schwerfällt einzuschlafen, kann dir eine bewusste Reise durch deinen Körper sehr helfen, immer tiefer in die Entspannung zu gleiten und darüber auch einzuschlafen. Mach es dir zum Schlafen so gemütlich wie möglich. Auch eine Wärmflasche kann deine Schlafbereitschaft und das Gefühl der Geborgenheit sehr fördern. Nachdem du dich zurecht gekuschelt hast, lasse deine Aufmerksamkeit ganz bewusst vom Kopf über deinen Oberkörper, die Arme und Hände, über dein Gesäß und die Beine bis zu den Füßen langsam hinunterwandern. Nimm Körperteil für Körperteil wahr. Spüre eventuelle Spannung in den Muskeln und erlaube ihnen immer mehr loszulassen, tiefer in die Matratze hineinzusinken, die dich trägt und hält. Du bist sicher und geborgen, warm und wohlig umhüllt. Dein Atem fließt ruhig und gleichmäßig. Er trägt dich, nährt dich, während du immer tiefer loslassen darfst und in die wohlige, samtene Ruhe der Nacht sinken kannst.

Beziehungen stärken mit Achtsamkeit

Wahrscheinlich hast du es schon gemerkt: In den Tipps zur Morgenroutine finden sich neben Meditation ganz bewusst auch andere Aktivitäten, die dir helfen können, fürsorglicher und gesünder mit dir umzugehen. Achtsamkeit in dein Leben zu integrieren ist nämlich weitaus mehr als »nur« zu meditieren. Damit sich, neben deiner Meditationsroutine, auch im Alltag eine achtsame Geisteshaltung entwickelt, haben wir dir hier noch einmal zusammengefasst, warum Achtsamkeit für dich, aber auch für deine Beziehungen, einen entscheidenden Unterschied macht. Es ist leichter, entspannt zu sein, wenn du zu Hause auf deinem Meditationskissen sitzt. Doch das Leben besteht aus Begegnungen, die früher oder später auch zu Reibung und Konflikten führen. Und das ist auch gut so! Schließlich lernen wir im Kontakt mit anderen auch uns selbst besser kennen.

Achtsamkeit in deine Beziehungen zu integrieren, ist eine wunderschöne, aber lebenslange Aufgabe. Letztlich ist es die wichtigste von allen, denn es gibt im Grunde keinen Moment, in dem du keine Beziehung führst. Schließlich stehst du jederzeit und überall zumindest in Beziehung mit dir selbst. Diese Beziehung hält ein Leben lang und sollte deswegen mit besonderer Sorgfalt, Fürsorge und Mitgefühl gepflegt werden. Auch wenn du Achtsamkeit oft mit dir allein praktizierst, ist es für ein glückliches und zufriedenes Leben genauso wichtig, sich auch nach außen hin zu öffnen und Verbindung zu anderen Menschen aufzunehmen. Wir möchten noch einmal kurz für dich zusammenfassen, worauf es bei der achtsamen Beziehungspflege ankommt, und dir ein paar weitere Lebensbereiche aufzeigen, in denen Achtsamkeit wirksam ist.

Achtsamkeit in der Beziehung zu dir selbst

Achtsamkeit beginnt in erster Linie bei dir selbst. Bei regelmäßiger Praxis wirst du schnell bemerken, dass du sensibler für deine Bedürfnisse wirst, schneller wahrnehmen kannst, wie es dir geht, und einen liebevolleren Umgang mit dir selbst etablierst. Das Ganze funktioniert natürlich nicht über Nacht. Mit ein wenig Übung wird es dir aber immer besser gelingen, auf deine innere Stimme zu hören, sie ernstzunehmen und dein Leben so zu gestalten, dass du den Kontakt zu dir selbst nicht im Alltagstrubel verlierst. Dabei geht es nicht darum, immer egoistischer zu werden oder dass du plötzlich ohne Rücksicht auf Verluste durch die Welt gehst. Vielmehr entwickelst du ein tiefes Vertrauen in deine eigenen Fähigkeiten und Potenziale und lernst gleichzeitig auch, deine Schwächen zu akzeptieren. Meditation unterstützt dich dabei, indem sie deine Selbstwirksamkeit stärkt.

Die Selbstwirksamkeit ist ein Konzept aus der Psychologie und beschreibt den Glauben an unsere eigene Kraft. Wer über ein hohes Maß an Selbstwirksamkeit verfügt, ist optimistischer eingestellt und vertraut darauf, das Leben aktiv nach den eigenen Vorstellungen gestalten zu können. Besonders dann, wenn du dich mit einer Herausforderung konfrontiert siehst, kannst du von einer hohen Selbstwirksamkeit profitieren. Ein Problem wird dann nicht mehr als Bedrohung angesehen, sondern als Chance, eine neue Erfahrung zu machen und kreative Lösungsansätze zu entwickeln. In einer Studie wurde belegt, dass Menschen, die meditieren, über eine höhere Selbstwirksamkeit verfügen. Warum? Durch Meditation lernen wir eine differenzierte Wahrnehmung. So können wir eine schwierige Situation mit mehr Abstand beobachten, ohne sofort gestresst zu sein und in den »Fight-or-Flight«-Modus zu wechseln, den wir dir schon auf Seite 24 vorgestellt haben. So kommst du noch an dein kreatives Potenzial, um schnelle Lösungen zu entwickeln und einen kühlen Kopf zu bewahren. Selbstwirksamkeit ist somit ein wichtiger Schlüssel der Achtsamkeit, denn sie bewahrt dich nicht nur vor starken Gefühlen wie Hilflosigkeit, sondern fördert auch ein positives Selbstbild.

Achtsamkeit in der Beziehung zu anderen

Keine Beziehung kommt ohne Konflikte aus. Auch in der besten Freundschaft, Partnerschaft oder Familie kommt es mal zum Krach, denn ewige Harmonie liegt einfach nicht in der Natur des Menschen. Je näher wir andere Menschen an uns heranlassen, desto heftiger wird unter Umständen die Auseinandersetzung. An dieser Stelle möchten wir mit einem weit verbreiteten Vorurteil aufräumen: Achtsamkeit wird nicht dazu führen, dass du plötzlich nur noch glückliche Beziehungen führst, einfach über den Dingen stehst und weniger Probleme hast. Wahrscheinlich wirst du genauso häufig Konflikte austragen müssen wie vorher. Die Intensität der Emotionen und das Bedürfnis, sofort reagieren zu müssen, werden allerdings abnehmen. So wirst du dir selbst wertvolle Momente der Klarheit ermöglichen. Vielleicht entscheidest du dich anschließend trotzdem ganz bewusst für einen Gefühlsausbruch, eben weil du dir einfach mal Luft machen musst. Vielleicht wirst du dich aber auch bewusst dagegen entscheiden und stattdessen ein bis zwei tiefe Atemzüge nehmen oder eine Runde um den Block laufen. Fokussiere dich also nicht darauf, weniger Konflikte zu haben. Wenn du lernst, achtsam in Streitsituationen zu reagieren, können Konflikte sogar deine Beziehungen stärken.

Worum geht es also genau, wenn wir über achtsame Konfliktlösung sprechen? Achtsamkeit hilft dir zunächst einmal, deine Emotionen zu regulieren und in Krisensituationen oder Streitgesprächen schneller die Kontrolle über dein Denken, Sagen und Tun zurückzugewinnen. Meditation ist also kein Ego-Trip. Vielmehr lernst du, zu erkennen, wann du in eingefahrenen Reaktionsmustern agierst, wann du Grenzen aufzeigen musst und wann stattdessen Empathie und Akzeptanz gefragt sind. Für dich selbst, aber auch für dein Gegenüber.

Warum sich das lohnt, hat die Forschung in 75 langen Jahren herausgefunden. Ein Team der Harvard-Universität fand in einer Langzeitstudie heraus, dass nicht etwa Erfolg, der soziale Status oder Geld zu einem zufriedenen Leben beitragen, sondern in erster Linie ein ganz anderer Faktor für das Glück verantwortlich ist: stabile Beziehungen. Dabei ist es nicht wichtig, wie groß dein Freundeskreis ist, sondern lediglich, dass du deine Beziehungen pflegst und dass sie dich zufriedenstellen.

Erinnerst du dich noch an deine Motivation, mit der Meditation zu beginnen? Wenn nicht, dann schau doch noch mal bei Tag 1 nach, welche Grundwerte du für dich notiert hast.

Vielleicht stehen sogar Werte wie Freundschaft, Familie oder Verbundenheit auf deiner Liste. Wie du siehst, lohnt sich eine Meditationsroutine auch für diese Lebensbereiche, denn sie hilft dir, dich selbst besser zu verstehen. Diese Entwicklung braucht natürlich Zeit. Damit du am Ball bleibst, geben wir dir am Ende noch ein paar Tipps, mit denen du Meditation als neue Gewohnheit weiter festigst.

Halte deine Entwicklung im Blick

Ob wir heute regelmäßig joggen oder unsere Ernährung umstellen – wir machen immer mehr von den digitalen Möglichkeiten Gebrauch, unser Verhalten zu tracken. Dieses Tracking ermöglicht uns, einen Überblick darüber zu behalten, welche Aktivitäten uns wirklich unterstützen, welche Zeiten sich dafür am besten eignen – das sind jene, in denen wir erkennbar häufiger aktiv sind – und von welchen Aktivitäten wir uns lieber zugunsten praktikabler Verhaltensweisen verabschieden können. Im Achtsamkeits- und Meditationstraining können wir uns das ebenfalls zunutze machen. Das Tolle: Dein Belohnungssystem mag das sehr, denn es freut sich mit dir, wenn es regelrecht sehen kann, was du alles geschafft hat.

Für dieses Tracking gibt es verschiedene Möglichkeiten. Einerseits hilft es dir vielleicht, einen Termin mit dir selbst in deinem Kalender zu vereinbaren, andererseits kannst du dir auch andere analoge Möglichkeiten erschließen, wie zum Beispiel ein Meditationstagebuch zu führen, in dem du täglich einträgst, zu welcher Zeit, an welchem Ort du wie lange praktiziert hast. Außerdem kannst du auch gleich Notizen zu deinen Erfahrungen reinschreiben und eventuelle Fragen, die sich im Rahmen der Praxis ergeben haben.

In diesem Zusammenhang möchten wir dir ein besonderes Tracking-Tool für deine Gewohnheiten aus dem Journaling vorstellen. Journaling ist eine Kreativmethode und ähnlich wie beim Tagebuchschreiben ist es ein Werkzeug zur Selbsthilfe und Organisation. Konkret geht darum, durch das Schreiben und Visualisieren von Denkprozessen die eigene Kreativität zu entfalten. Wir haben diesen Tipp von einer Userin unserer App bekommen und finden die Idee so prima, dass wir sie mit dir teilen wollen:

Das Habit-Wheel

Das Habit-Wheel wirkt wie ein runder Kalender und du kannst damit verschiedene Aktivitäten, die du gerne in deinem Alltag etablieren möchtest, ganz einfach dokumentieren und auf einen Blick sehen, wie dein Monat verlaufen ist. Du entscheidest, was du im Blick haben und was du gerne dokumentieren möchtest. Wenn du beispielsweise gerne Lesen, Joggen und Meditation in dein Leben bringen und dabei auch überprüfen willst, ob das mit deiner Laune etwas macht, dann könntest du auch die Gefühlsregungen eintragen, die aktuell für dich wichtig sind. Wenn du beispielsweise eher ängstlich oder gestresst bist, dann trägst du

Ängstlichkeit oder Stress ein. Täglich markierst du nun die Felder, an denen die Aktivität oder die Gefühlsregung stattgefunden hat. Dadurch kann es sein, dass du mit der Zeit sehen kannst, dass du bei Ängstlichkeit oder Stress Tag für Tag immer weniger Markierungen hast, und du siehst, dass es dir mit wachsender Meditationspraxis und anderen dir wohltuenden Aktivitäten besser geht. Das verstärkt deine Motivation, dranzubleiben. Manchmal müssen wir es wirklich vor uns sehen, damit wir uns selbst glauben, dass all das, was wir für uns tun, Früchte trägt.

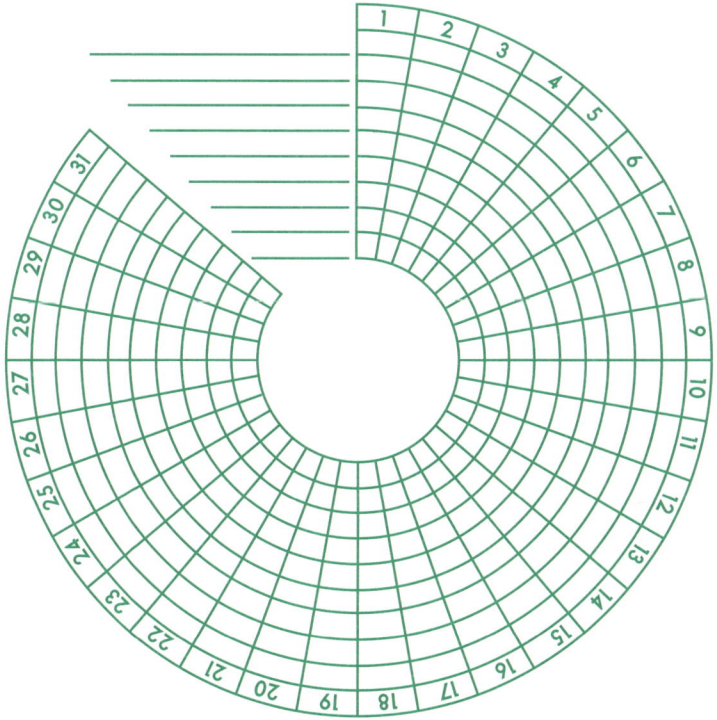

**RAUS AUS
DEM KOKON
UND REIN
INS LEBEN!**

Du hast bestimmt bereits gemerkt, es geht in der Achtsamkeit um weitaus mehr als nur darum, sich zu entspannen. Achtsamkeit und ihr Werkzeug, die Meditation, sind kein neues »Hygge« für die Seele. Es geht um unseren Alltag, so wie er ist, und darum, ihn voll und ganz zu leben. Statt Rückzug und Flucht in eine heile, kuschelige Meditationswelt, heißt es: rein ins bunte Leben! Auch und besonders, weil es nicht immer so ist, wie wir es uns wünschen. Und so wirkt Achtsamkeit auf viele Bereiche unseres Lebens.

Runter von der Couch – rein ins Leben!

Achtsamkeit bietet uns einen Weg an, mit dem wir lernen können, die Höhen und Tiefen unseres Lebens zu meistern – von Stress- und Angstreduktion sowie Depressionsprophylaxe bis hin zur Stärkung unserer Gesundheit. Achtsamkeit wirkt, und das ist wissenschaftlich belegt. Doch um das zu erleben, müssen wir runter von der Couch, rein ins Leben, und dort all das ausprobieren, was wir auf dem Meditationsplatz gelernt haben. Der Weg beginnt bei uns, inmitten unseres manchmal chaotischen Lebens, inmitten von Beziehungschaos, Doppelbelastung und Freizeitstress. Und genau darin zu experimentieren hilft uns, bewusster zu werden und achtsamer und sanfter mit uns umzugehen. Den achtsamen Weg wirklich zu gehen, macht klarer. Wir hören auf, Scheinwelten hinterherzulaufen und uns zu stressen, nur weil wir einem Ideal nicht entsprechen. Was soll's? Genau das gestehen wir auch anderen zu. Wir werden freundlicher, verständnisvoller, auch gegenüber unserem Umfeld. Ab jetzt wissen wir, keiner ist perfekt. Jeder von uns hat Macken, und das macht uns so einzigartig, so berührbar, so menschlich und so liebenswert. Wir beginnen, anderen wirklich zu begegnen und ihnen zuzuhören. Allerdings lernen wir auch, liebevolle, doch klare Grenzen zu ziehen, wo sie notwendig sind.

Kommunikation und Partnerschaft

Wie schon erwähnt, hilft uns Achtsamkeit, wirklich zuzuhören, statt permanent mit unseren eigenen Gedanken und Befindlichkeiten beschäftigt zu sein. Das stärkt und verbessert all unsere Beziehungen und unsere Partnerschaft. Einfach indem wir Klarheit über unsere eigenen Bedürfnisse haben und lernen können, dafür Worte zu finden, Fairness, Ruhe und Respekt in Konflikten zu bewahren und uns mehr und mehr bemühen, Höhen und Tiefen in jeder Partnerschaft konstruktiv zu meistern. Das hilft uns jedoch nicht nur im privaten Umfeld, sondern Achtsamkeit wirkt sich auch in der Arbeitswelt extrem hilfreich aus.

Achtsamkeit und Arbeit

Achtsamkeit senkt nachweislich Stress und stärkt die allgemeine Zufriedenheit, Kreativität und Konzentrationsfähigkeit. Nicht verwunderlich also, dass Achtsamkeitstrainings mittlerweile auch in der Arbeitswelt ein wichtiger Bestandteil in der Personalentwicklung und Fortbildung von Mitarbeitern und Führungskräften darstellen. Studien konnten nachweisen, dass bei steigender Achtsamkeit der Führungskräfte die Zufriedenheit der Mitarbeiter ebenfalls ansteigt, und die Stressbelastung und emotionale Erschöpfung sinken. Dazu brauchen nicht nur Präsenz-Trainings durchgeführt zu werden. Wie Studien zeigten, tragen auch online-basierte Trainings zu einer deutlichen Stressreduktion bei.

Ist Achtsamkeit auch etwas für Kinder?

Wenn du Kinder hast, fragst du dich jetzt bestimmt schon die ganze Zeit, ob Meditation und Achtsamkeit nur etwas für Erwachsene ist? Auf keinen Fall! Kinder sind von Natur aus kleine Achtsamkeitskünstler und können auch die Meditation super nutzen, sich leichter zu konzentrieren und ihre ganz eigenen Herausforderungen zu meistern. Durch kindgerechte, spielerische Anleitungen lernen sie, sich selbst zu beruhigen, ihre Emotionen besser zu verstehen und mit ihnen umzugehen, ihre Gedanken und Eindrücke ihrer Welt gelassener zu nehmen. Das hilft ihnen immens, ihren oft auftretenden Ängsten und Unsicherheiten weniger ausgeliefert zu sein, leichter einzuschlafen und verbessert auch die schulischen Leistungen.

**»Werde wieder
wie ein staunendes Kind,
das die Welt entdeckt.
Jeden Augenblick neu«**

Tibetisches Sprichwort

Die Meditation vertiefen

Wenn du gerne deine begonnene Praxis vertiefen möchtest, gibt es dafür verschiedene Möglichkeiten, die wir dir gerne kurz vorstellen möchten. Welche dieser Angebote für dich stimmig sind, hängt natürlich davon ab, was du dir wünschst oder noch brauchst. Du kannst dich leicht im Internet darüber informieren und entsprechende Angebote finden.

MBSR

Hinter der Abkürzung MBSR versteckt sich die Mindfulness-Based-Stress-Reduction oder auf Deutsch achtsamkeitsbasierte Stressreduktion, die der Molekularbiologe Prof. Jon Kabat-Zinn (USA) entwickelt hat. Wie der Name schon sagt, geht es hauptsächlich darum, Stress zu verringern. Dabei ist es unerheblich, was den Stress ausgelöst hat, ob er beruflich, privat oder gesundheitlich begründet ist. In diesem achtwöchigen wissenschaftlich fundierten Programm lernst du, die Achtsamkeit sehr intensiv im Alltag anzuwenden. Mithilfe der Mischung aus formalen Meditations- und Yoga-Übungen, Selbstreflexion und kleinen, achtsamen Alltagsaufgaben erkennst du stresserzeugende Mechanismen und entwickelst mit der Zeit gesündere und stimmigere Alternativen. Dieses Programm wird weltweit angeboten. Im deutschsprachigen Raum finden sich mittlerweile in jeder großen Stadt Angebote. Es wird als Wochenend-Kompaktprogramm, achtwöchiges Gruppenprogramm und auch in Einzelarbeit angeboten. Solltest du aktuell gerade kein Präsenz-Angebot wahrnehmen können, so ist das MBSR-Training auch als Onlineprogramm verfügbar. Weitere Infos, Lehrer und Veranstaltungstermine findest du nach Postleitzahlen sortiert unter der Suchmaske des MBSR-Verbandes: *www.mbsr-verband.de*

Vipassana-Retreat

Das Wort Vipassana bedeutet »Einsicht« oder »erkennen, wie die Dinge sind«. Diese Erkenntnis ist das Ergebnis reinen Gewahrseins, das aus der offenen Haltung der meditativen Achtsamkeit erwächst. Wenn dich die Meditation richtig gepackt hat und du jetzt gerne in eine sehr intensive Erfahrung eintauchen möchtest, dann bieten sich mehrtägige Meditationskurse an, wie die klassischen zehn Tage dauernden Vipassana-Retreats. Diese Seminare finden mehrfach im Jahr statt, sind offen für Anfänger und fortgeschrittene Praktizierende und werden auf der ganzen Welt angeboten. Unter *www.dhamma.org* findest du weiterführende Informationen und die nächsten Retreat-Termine.

Wochenend-Seminare

Auch an Meditationswochenenden kannst du deine Praxis zusammen mit einem Lehrer noch einmal vertiefen und intensivieren. Meist sind es Angebote, die sich an Einsteiger richten und die Grundlagen des Sitzens, der Haltung, der Bedeutung der Atmung und – neben vertiefendem Hintergrundwissen – sehr viel Praxis vermitteln. Außerdem wirst du hier Gelegenheit haben, deine individuellen Fragen zu stellen und mit dem Lehrer zu besprechen. Diese Seminare findest du oft bei öffentlichen Bildungsträgern wie der VHS, aber auch in Gesundheitszentren, Yoga-Schulen und buddhistischen Gruppen. Wenn du gerne an einem Meditationsseminar in einem buddhistischen Zentrum teilnehmen möchtest, dann wähle ein Angebot, das die Zen-Meditation oder die Vipassana-Meditation vermittelt. Beide Formen entsprechen der Atem-Achtsamkeit, die du hier kennengelernt hast. Keine Sorge, sie sind weltanschauungsneutral.

Die Praxis vertiefen mit 7Mind

Natürlich kannst du auch weiterhin mit 7Mind deine Praxis vertiefen. Dafür sind wir ja da! In der App bieten wir dir eine Vielzahl an thematischen Kursen, wie zum Beispiel Beziehungen, Gesundheit, Selbstvertrauen, Schlaf, Kreativität, Intuition oder Konzentration. Darüber hinaus kannst du dir in unserem Podcast und Online-Magazin jede Menge spannende Hintergründe zu Meditation und Achtsamkeit holen. Dort findest du kleine Denkanstöße für die großen Alltagsgefühle. Lass dich durch Tipps aus der Wissenschaft und Psychologie dazu inspirieren, ein erfülltes und gelassenes Leben zu führen. Alle Infos findest du online unter: *www.7mind.de*

Studien zu Meditation und Achtsamkeit

Während Meditation lange Zeit mit Esoterik in Verbindung gebracht wurde, rückt sie immer mehr ins Bewusstsein der breiten Masse. Sie wird mittlerweile sogar von vielen Ärzten als Ergänzung zu klassischen Behandlungsformen empfohlen, denn die Wirkung der Meditation wurde über Jahrzehnte gründlich erforscht. Wir haben die spannendsten Studien zum Thema Achtsamkeit und Meditation für dich zusammengefasst. Die folgenden Seiten sind sowohl Quellenverzeichnis als auch wissenschaftliche Referenz für die Lebensbereiche, die wir in diesem Buch angesprochen haben. Nutze sie einfach als kleines Nachschlagewerk für dich oder immer dann, wenn es darum geht, Skeptiker zu überzeugen.

Stressverminderung durch Meditation

Achtsamkeitsmeditation vs. Entspannungstraining (SHAMINI et al., 2007)

Wie genau reduziert Achtsamkeit das Stressempfinden? Um dies zu untersuchen, verglichen Wissenschaftler verschiedener US-Universitäten das Stresslevel von Menschen, die einen Monat lang entweder ein Entspannungstraining in Form von autogenem Training oder Achtsamkeitsmeditation praktiziert hatten. Dabei zeigte die Meditationsgruppe positivere Gedankenzustände als die Entspannungsgruppe. Achtsamkeitsmeditation hat damit den spezifischen Effekt, ablenkende Gedanken und Grübeln zu senken.

Achtsamkeit, Hirnveränderungen und Stress (HÖLZEL et al., 2010)

Nach einem Achtsamkeitsprogramm (MBSR – Mindfulness Based Stress Reduction nach Jon Kabat-Zinn) berichteten die Teilnehmenden dieser Studie von weniger Stress. Das deckte sich auch mit den Ergebnissen von Hirnscans im MRT. Dort zeigte sich, dass die Teilnehmer des Achtsamkeitsprogramms eine Veränderung der Dichte der grauen Hirnmasse in der Amygdala aufwiesen.

Gesünder dank Meditation

Angstreduktion und ein effektiveres Immunsystem (DAVIDSON, KABAT-ZINN et al., 2003)

Nach einem achtwöchigen Achtsamkeitstraining zeigten sich bei Biotech-Angestellten verminderte Angstzustände sowie signifikant höhere Aktivitäten in Hirnbereichen, die mit positiven Emotionen assoziiert sind. Zudem entwickelten Teilnehmer mehr Antikörper nach einer Grippe-Impfung. Ihr Immunsystem reagierte also effektiver als bei Nichtmeditierenden.

Weniger Krankheitsbeschwerden (BARRETT et al.,2012)

Ist man dann doch einmal krank, hilft die Achtsamkeitsmeditation, die Symptome zu verringern. Die Versuchsteilnehmer, die meditierten, waren durchschnittlich vier Tage kürzer an Atemwegsinfekten erkrankt als die Kontrollgruppe.

Mit Ängsten umgehen dank Meditation

Psychisch flexibel durch Achtsamkeit
(Masuda & Tully, 2011)

Achtsamkeit und psychische Flexibilität hängen eng zusammen: In der Studie mit 500 Studierenden wurde festgestellt, dass sich beides positiv auf Ängste, Depressionen und Stressempfinden auswirkt. Denn wer achtsam ist, ist dadurch psychisch flexibler und andersherum. Achtsamere Collegestudierende waren weniger gestresst, weniger depressiv, weniger ängstlich.

»Decentering« und »Nonattachment« als Wirkmechanismen der Achtsamkeit
(Tran et al., 2014)

Decentering besteht aus drei Facetten: zum einen bedeutet Decentering, sich nicht mit seinen Gedanken zu identifizieren, zum anderen, nicht gewohnheitsmäßig auf negative Erfahrungen zu reagieren und Mitgefühl für sich selbst zu haben. Decentering kann als ein Aspekt der Emotionsregulation angesehen werden.

Nonattachment ist dadurch charakterisiert, dass man nicht an den eigenen Ideen, Bildern oder sensorischen Wahrnehmungen festhält. Bei einer Stichprobe von 900 Deutschen und 400 Spaniern zeigte sich, dass sich Achtsamkeitsmeditation positiv auf die Bereiche auswirkt, die den Begriffen Decentering und Nonattachment zugeordnet sind.

Schlafverbesserung durch Meditation

Meditation als Schlafmittel (Black et al., 2015)

In dieser Studie konnte ein positiver Einfluss von Meditation auf die Schlafqualität festgestellt werden. Untersucht wurden 49 Erwachsene im Alter von über 54 Jahren. Die Versuchspersonen, die regelmäßig meditieren, zeigten bereits nach nur sechs Wochen weniger Anzeichen von Schlaflosigkeit, Depressionen und Müdigkeit als die Kontrollgruppe.

Konzentrierter dank Meditation

Achtsamkeitsmeditation verbessert die Wahrnehmung (Zeidan et al. 2010)

Dass Meditation sich positiv auf die kognitiven Fähigkeiten auswirkt, haben die Wissenschaftler um Fadel Zeidan von der Wake Forest University School of Medicine in Winston-Salem herausgefunden. Bei jedem Teilnehmer stellten die Forscher eine Besserung der Stimmung fest, doch nur bei der Meditationsgruppe dokumentierten sie eine signifikante Steigerung der kognitiven Fähigkeiten, wie Aufmerksamkeit und Konzentration.

Glücklicher dank Meditation

(Bessere Stimmung dank App (Howells, 2015)

In einer Studie konnten die Teilnehmenden selbst auswählen, ob sie zehn Tage per Smartphone meditieren wollten oder nicht. Nach zehn Tagen berichtete die App-Meditationsgruppe von mehr positiven Gefühle und weniger depressiven Symptomen, wie Niedergeschlagenheit.

Die Wirkmechanismen hinter der Achtsamkeit (Campos, 2015)

Meditation macht glücklicher. Das hat inzwischen fast jeden erreicht. Aber warum? Um das herauszufinden, haben Wissenschaftler um Daniel Campos 365 Menschen untersucht und dabei herausgefunden: Zwei Facetten von Achtsamkeit – Beobachtung und Bewusstsein – stehen in direkter Beziehung zu Glück.

Beziehungen verbessern dank Meditation

Auswirkungen von Achtsamkeitstraining auf die Beziehungsqualität (Carson et al., 2004)

Nach einem achtwöchigen Achtsamkeitskurs zum Beziehungsaufbau (Mindfulness-Based Relationship Enhancement, MBRE) berichteten Paare von einer Verbesserung der täglichen Beziehungszufriedenheit, weniger Beziehungsstress und einer Erhöhung von individuellen Faktoren wie psychischem Wohlbefinden, Stressbewältigungsfähigkeiten,

Entspannung und Vertrauen in die eigenen Bewältigungs-strategien.

Was macht eine achtsame Ehe aus?
(WACHS & CORDOVA, 2007)

Achtsamkeit verbessert nicht nur die eigene Beziehungs-zufriedenheit, sondern auch die Ehe insgesamt. Anhand von Fragebögen und Selbstberichten konnten Wissenschaftler nachweisen: Sind beide Ehepartner achtsam, berichteten sie von hoher Ehezufriedenheit.

Mehr Dankbarkeit durch Meditation

Wie kommt man zu mehr Dankbarkeit?
(RAO & KEMPER, 2016)

Um zu überprüfen, ob und wie Meditation zu mehr Dank-barkeit führt, ließen Wissenschaftler Fachkräfte aus dem Gesundheitsbereich (Krankenpfleger, Physiotherapeuten, Sozialarbeiter etc.) verschiedene Meditationsmodule ab-solvieren. Was für Meditationserfahrene keine Überraschung ist, konnte wissenschaftlich belegt werden: Das Erlernen und Durchführen der Meditationen steigerte nachweislich die Dankbarkeit aller Teilnehmenden.

Wie ein Dankbarkeitstagebuch wirkt
(Emmons & McCullough, 2003)

Forscher der University of California und University of Miami untersuchten den Effekt von Dankbarkeit auf das allgemeine Wohlbefinden. Dazu führten die Teilnehmenden drei Monate ein Dankbarkeitstagebuch, während kontinuierlich verschiedene Aspekte des Wohlbefindens abgefragt wurden. Am stärksten waren die Auswirkungen bei den Teilnehmenden, die täglich Dinge notiert hatten, für die sie dankbar waren. Sie nahmen mehr positive Gefühle wie Freude und Glück wahr und berichteten von einem höheren allgemeinen Wohlbefinden als die Kontrollgruppe.

Die 7Mind-Buchtipps

Wir haben zum Schluss sieben Buchtipps für dich zusammengetragen, falls du dein Wissen über die Themen Achtsamkeit und Meditation noch vertiefen möchtest. Mit unseren Bestsellern bist du bestens versorgt, um deine Praxis langfristig weiterzuführen. Lass dich von diesen sieben Autoren dazu inspirieren, achtsamer zu leben, dich vom Stress zu verabschieden und endlich mehr Gelassenheit in dir selbst zu finden:

JON KABAT-ZINN: GESUND DURCH MEDITATION. DAS VOLLSTÄNDIGE GRUNDLAGENWERK ZU MBSR (2013)

PAUL J. KOHTES: DAS BUCH VOM NICHTS: MIT ZEN ZU EINEM LEBEN IN FÜLLE (2012)

TOBIAS ESCH: DER SELBSTHEILUNGSCODE (2017)

MAREN SCHNEIDER: EIN KURS IN SELBSTMITGEFÜHL: ACHTSAM UND LIEBEVOLL MIT SICH SELBST UMGEHEN (2016)

ECKHART TOLLE: JETZT! DIE KRAFT DER GEGENWART (2010)

AJAHM BRAHM: DIE KUH, DIE WEINTE (2006)

PEMA CHÖDRÖN: GEH AN DIE ORTE, DIE DU FÜRCHTEST (2007)